望奎方言句法研究

杨怀文 著

天津大学出版社
TIANJIN UNIVERSITY PRESS

图书在版编目（CIP）数据

望奎方言句法研究 / 杨怀文著 . -- 天津 : 天津大学出版社 , 2023.8
ISBN 978-7-5618-7585-8

Ⅰ . ①望… Ⅱ . ①杨… Ⅲ . ①北方方言－方言研究－黑龙江省 Ⅳ . ① H17

中国国家版本馆 CIP 数据核字 (2023) 第 173228 号

出版发行	天津大学出版社
地　　址	天津市卫津路 92 号天津大学内（邮编：300072）
电　　话	发行部：022-27403647
网　　址	www.tjupress.com.cn
印　　刷	北京虎彩文化传播有限公司
经　　销	全国各地新华书店
开　　本	787mm×1092mm　1/16
印　　张	6.25
字　　数	156 千
版　　次	2023 年 8 月第 1 版
印　　次	2023 年 8 月第 1 次
定　　价	29.00 元

前　言

望奎县位于黑龙江省中部，是黑龙江省绥化市的一个辖县，建县至今已有百余年历史。其区划为十镇五乡，下辖 109 个行政村、665 个自然屯。根据全国第七次人口普查的结果，截至 2021 年 5 月，望奎县的总人口数量为 28.68 万人 ①。作为黑龙江省的重点农业县，其黑土区被开发为国家级重要商品粮生产基地。

望奎方言归属于北方话的东北官话。张志敏（2005）在《东北官话的分区（稿）》中，将东北官话区范围调整到 184 个方言点 ②，其中望奎方言属东北官话黑松片的嫩克小片。作为一个移民县，其方言的形成不是一蹴而就的。对现代东北方言的形成过程进行介绍，也就相当于对望奎方言形成的特定历史进行介绍。从历史纵向看，东北方言是以幽燕话为基础方言，融合了当地土著少数民族所使用的阿尔泰语系语言成分（以满语、蒙古语为主），并不断吸收冀鲁豫晋的外地方言及俄日朝等外来语的方言。各源语言成分互相交融使用，无替代、无覆盖。

黑龙江、吉林、辽宁三省方言较早就被纳入学者们的研究视野，但深入细致地对东北方言中一些小片方言进行研究，则成为今后东北方言研究的发展趋势。望奎方言属东北官话黑松片的嫩克小片，学界迄今并未展开过相关研究，本书《望奎方言句法研究》填补了该方言点研究的空白。

句法的研究范畴是短语、句子的结构规律、类型及其表达功用等。本书以黑龙江省望奎县方言为研究对象，通过基础性的田野调查和母语方言研究者的内省，对其句法（包括三类特殊短语结构、六类特色句子）的特点进行了较为深入、细致的描写和分析。

本书的语料主要来源于作者的田野调查。我们选取了望奎方言中较有代表性的几个地点（望奎城区、后三乡、火箭乡、惠七满族镇、厢白满族乡 ③）进行调研。研究方法主要有田野调查法、描写法和比较法。在体例上，对无法考证的本字采用同音字或现已约定俗成的流行写法替代，并在字下用“—”标明。

全书共分三章。

第一章：短语结构。本章分三节介绍了与普通话不太相同的三类特殊短语结构。第一节介绍了使用较为普遍的一组同义形式“得 [tei˨˦]V 了 [lɤ·]”和“V 得了 [tei˨˦ lɤ·]”，主要通过对三组结构的对比对其展开论述。第二节考察了存在于方言口语中的知晓类“V 不 P”结构“知不道”，通过与其同构形式“晓不得”进行比较，得出二者在历史来源和构词方式上具有同构性、在表达主客观问题上具有相通性的结论。第三节介绍了方言中比较特殊的动

---

① 《黑龙江绥化市望奎县》，http://www.tcmap.com.cn/heilongjiang/wangkuixian.html.

② 其中黑松片共 65 个县市旗，主要分布在黑龙江省及内蒙古部分地区。嫩克小片共 43 个县市，如黑河、大庆、绥棱等。

③ 经调查，这几个点在语音、词汇和语法特点上的差异极小，无须区分。

宾变式结构及其影响下的动宾交叉结构，证实了二者都是在与满语的接触过程中产生的，并体现了语言接触的层次性。

第二章：特色句子。本章分六节。第一节通过对比的方式对“VV！”“VV？”两种“VV”句在方言中的使用情况进行了介绍。第二节分门别类地介绍了方言中各种类型的“管”字句：包括动词“管”和“管保”所构成的句式，情态副词“情管”和限定范围副词“管”所构成的句式，对象介词“管”和处置介词“管”所构成的句式，条件连词“管”“管多咱”“管咋的”等和转折连词“管说”所构成的句式。第三节主要从格式类型、句法语义限制两方面对句首回指和无指用法的“他”、句中助词用法的“他”、句末语气词用法的“他”所构成的“他”字句进行了细致的描写，并将助词“他”和语气词“他”的虚化过程进行对比。第四节从结构要素、语义内容等方面对方言中表致使义、被动义和制止义的三类“我让你（给我）VP”句进行了细致的描述，旨在对10个同形句式进行辨析。第五节将方言中各类疑问句的使用情况与普通话进行对比，对一些较有特点的方面进行了详细的说明。第六节从多个角度对方言口语中六种表达方式相近的具有责训功能的句式“你V（个）啥？你V啥V？你V啥你？你V啥你V？你V的是啥？”的特点进行了对比分析，对其共性特征与衍生句式进行了说明。

第三章：结语。本章对全书内容做大致的回顾和总结，也对研究中存在的不足进行了交代，对今后相关课题的研究进行了展望。

本书的选题意义体现在以下三点。

（1）由于整个东北方言尤其是句法方面，通常被认为与普通话差别极小，在学界未得到应有的重视。本书以黑龙江省望奎县方言为切入点，着眼于与普通话的相异之处，从田野调查等自然语境中实录得到第一手材料，并结合考察一些反映方言面貌的书面材料，以短语结构、特色句子为纲，大致勾勒出望奎方言特有的句法面貌，使人们对这一方言点的句法特征有个初步、系统的了解。除了对东北方言已有的研究成果进行深化、细化和补充外，书中还对一些前人未曾讨论的相关方言句法现象、句法规律进行探讨，为东北方言句法的进一步深入挖掘提供了一些翔实、可靠的参考材料。论文以点带面，推动东北方言语法理论的系统研究。此外，把望奎方言与普通话进行共时比较，可为二者的历史对应关系研究及方言的发展演变研究提供有价值的基础文献。

（2）望奎县特殊的历史背景可为方言句法研究提供带有过渡性与混合性特征的方言样本。作为移民城市，历史上移民所携带的冀鲁官话、中原官话、胶辽官话、北京官话，以及一些少数民族语言、外来语都使该地方言的形成带有混合性质。从语言接触角度、底层语言的遗留角度（如满语）对其进行研究，可还原望奎方言最真实、立体的面貌。

（3）为望奎县的历史文化研究提供语言学最真实的材料依据，也为抢救保护我们身边日渐衰微的“方言母语”而做出努力。

望奎方言归属于东北官话黑松片的嫩克小片，与普通话同大于异，但“异”在何处，还需经长期的观察、思考，并不断与普通话进行对比，才能总结出一些较有代表性的特点。以往对该点方言的研究几乎是一片空白，希望本书的研究能对此方面的缺失稍作弥补，贡献一份微不足道的力量。

目　录

第一章　短语结构

本章我们主要讨论方言中三种比较有特点的短语类型的结构，它们是：使用较为普遍的“得V”“V得”“V得了”结构；知晓类“V不P”和“不VP”结构在方言中的典型代表“知不道”和“不知道”；语言接触影响下产生的动宾变式结构和动宾交叉结构。

第一节　“得V”“V得”和“V得了”

在望奎方言中，“得[tei˨˦]V了[lɤ·]”和“V得了[tei˨˦ lɤ·]”是一组使用较为普遍的同义形式，前者如“都晌午了，得走了”，后者如“都晌午了，走得了”。作为构成要素的“得V”是状中结构，“V得”是述补结构，二者不但构成材料和结构关系有所不同，语义及功能也有差别。我们在对二者进行比较的基础上，详细地对“V得”的特点进行了描述，尤其是与同形形式“V得[tɤ˥]”进行了全面的对比描写。最后，将“V得了”与方言中的其他三种同形形式进行了辨别。下面我们分别对这些结构进行介绍。

一、得V

“得[tei˨˦]”作为助动词，一般表于情于理的“必须”“一定（会）”“必定”，即基于客观情况或经过主观推理判断后，对某种事态或推论结果的强烈肯定，例如：

上初中上前面那屯子上学去，得走五里地，就走着走。
今年这么涝，菜得贵。

有时也表对他人提出某建议或要求自己采取某种措施，语气性很强，例如：

你可得减肥了。
就这个，这个弯钩儿黄儿（豆角），就叶子大，叶子多，我得往下薅巴薅巴，都看不着了。

“得”表达了一种强制性的“必须”这样做、“只能”这样做的情态。“得V”中的V可以是动词性成分，如“得去”，“得”表“必须”；V也可以是形容词性成分（既可是性质形容词，也可是状态形容词），如“（菜）得贵”，“得”表“一定会”，是一种趋向。所以“得V”整体上具有动态性，是动词性的。

在状中结构“得V”中，充当状语的“得”和谓词性成分“V”是修饰与被修饰的关系，“得”并不表动作行为的方式或某种性质的程度，其与中心成分V的意义关系是：“得”是用来限定中心成分的，表对“V”所代表动作或性状的某种确定语气。作为限制性状语的“得”

与"V"间不能用"地"连接。"得V"是个极端的表达方式，通常没有否定形式，即使有的前面可加"不"，其表达的也是肯定的内容，甚至加强了肯定的语气。V在句中主要作谓语，一般不能作主语，但可作宾语。还有作定语、状语的情况，例如：

媳妇当然不好找，你得**踅摸**。（谓语）

你咋不爱动弹啊，我觉着得**去**。（宾语）

得**努力**的地方是听力和口语啊，其他地方别浪费时间和精力。（定语）

咱得**努力**拼搏啊！（状语）

"得V"的整体功能是谓词性的，在功能上相当于一个动词，后面可带动态助词"了"组成非主谓句"得V了"，表"必须V了""一定会V了"。

二、V得

在述补结构"V得[teiɹ]"中，充当补语的"得"和谓词性成分"V"是补充与被补充的关系。作为被补充成分，当"V"是动词性成分时，"V得"与"得V"的意义没有太大差别。但当"V"是形容词性成分时，"得V"表"一定会V"，"V得[teiɹ]"则表示"应该V"，例如：

（这么辛苦种的菜，菜）**贵得**[teiɹ]。

这里的V是"合情合理"的。需要注意的是，与"得V"中的形容词V不同，"V得[teiɹ]"中的V只能是性质形容词，不能是状态形容词，可以说"（墙已经用白灰刷了三遍，）白得了。"，不能说"雪白得"。作为补充成分，"得"表"必须""应该"，是一种语气上的补充，主观性明显。因为"得"有评价功能，按照意义类别，涉及评价、判断相关动作、性状是否是"必须、应该"的，反映了某种情态，应归为情态补语。因为V后不需再用"得[tɤ˥]"连接"得[teiɹ]"，按照结构类别，"得[teiɹ]"应归为粘合式补语。与普通话中的能性述补结构"V得[tɤ˥]"相比，方言中的"V得[teiɹ]"不表V实现的可能性，而表V实现的必须性。方言中该结构后面还可加"过儿"，构成"V得[teiɹ]过儿（了）"的形式，表"必须""不得不"，语气要更强烈些，例如：

他都求你多少回了，这忙咱**帮得**[teiɹ]**过儿**了。

作业都拖了三天了，**写得**[teiɹ]**过儿**了。

你已经一周没洗澡了，**洗得**[teiɹ]**过儿**了。

太晚了，咱们**走得**[teiɹ]**过儿**了。

"V得[teiɹ]"的否定形式是"V不得[teiɹ]"，例如：

高跟鞋**穿不得**[teiɹ]，是累。

这孩子**疼不得**[teiɹ]。

现在不是应季的菜**吃不得**[teiɹ]。

V在句中主要作谓语，通常不作主语，可作宾语。作定语、状语和补语的情况也不多，例如：

这计划咱们**合计**得[tei˨˦]了。(谓语)

这个哥们儿,我认为**交**得[tei˨˦]。(宾语)

"V得[tei˨˦]"的整体功能也是谓词性的,后面常带有"了"。

在望奎方言中很少说"V得[tɤ˥][1]",普通话中带补语"得[tɤ˥]"的可能式在方言中通常用"能+动词"的形式来表示,"去得""去不得"说成"能去""不能去","去得""去不得"只在一些青年人中使用。为了称叙方便,我们以语音为特征来标注上述提到的两类"V得"结构,把它们分别记作"V得[tei˨˦]"和"V得[tɤ˥]"[2]。

以下例子中的"V得"都是"V得[tɤ˥]":

今天没风,**烧得**火。

大爷的牙镶好后,不但**咬得**馒头,还**咬得**骨头。

虫子吓得我都**动不得**。

这雨天出去也**玩不得**了。

快递我估计这地方也**邮得**。

以下例子中的"V得"都是"V得[tei˨˦]":

这计划咱们**合计得**了。

这个哥们儿,我认为**交得**。

都晌午了,**走得**了。

高跟鞋**穿不得**,是累。

这孩子太驴,**疼不得**。

现在不是应季的菜**吃不得**。

从例句中我们可以看到,在肯定形式中,"V得[tei˨˦]"中的V可以是双音节动词,如"这计划咱们**合计得**了"。但"V得[tɤ˥]"中的V只能是单音节形式的,不能是双音节的,如"这笔钱我**动得**",不能说"这笔钱我**动弹得**"。此外,二者还有以下不同处:"V得[tɤ˥]"相当于"V得了[tɤ˥· liɔ˨˦]",二者都表示"能做到V",可以互换,而"V得[tei˨˦]"却不能作如上的转换或转换后的意义会发生变化:

今天没风,**烧得**火。→今天没风,**烧得了**火。

大爷的牙镶好后,不但**咬得**馒头,还**咬得**骨头。→大爷的牙镶好后,不但**咬得了**馒头,还**咬得了**骨头。

虫子吓得我都**动不得**。→虫子吓得我都**动不了**。

这计划咱们**合计得**了。≠这计划咱们**合计得了**了。

---

① "V得"还有一个同形的形式,即省去了状态补语的"V得"形式,如带有状态补语的"(看把你)乐得屁颠屁颠的"的省略式为"(看把你)乐得",这种"乐得"的形式在望奎方言中很少用,姑且不论。

② 当然,普通话中也存在另一"V得[tɤ˥]",大体与望奎方言中的"V得[tei˨˦]"有同样的意义和用法,只是读音不同而已。我们下面描述的"V得[tei˨˦]"与"V得[tɤ˥]"的区别,也正是普通话中两种"V得[tɤ˥]"的区别。

这个哥们儿，我认为**交得**。≠这个哥们儿，我认为**交得了**。
都晌午了，**走得**了。≠都晌午了，**走得了**了。
高跟鞋**穿不得**，是累。≠高跟鞋**穿不得了**，是累。

"V 得 [tɤ˦]"具有客观性，陈述的是客观事实，提供的是客观前提，比如：

今天没风，**烧得**火。
大爷的牙镶好后，不但**咬得**馒头，还**咬得**骨头。
虫子吓得我都**动不得**。
这雨天出去也**玩不得**了。

各句子内部都有明显的逻辑性，有因果关系，表示"由于……的客观原因，能或不能完成 V / 能或不能做到 V"，不包含个人的态度倾向与情感色彩。而"V 得 [tei˨˦]"具有判断性，是在客观事实的基础上又多了一层主观的判断推理，经推理后再表示期待、希望"应不应该 V"，有劝诫提醒的意味在里面，所以 V 一般都是自主动词。例如：

都晌午了，**走得**了。
高跟鞋**穿不得**，是累。
这孩子太驴，**疼不得**。
现在不是应季的菜**吃不得**。

各句都有隐含信息。"中午了，时间不早了，应该走了"，主观标记是"都"。"经过验证，真是不应该穿高跟鞋，太累，不要穿"，主观强调标记为"是"。"这孩子不值得交，不应该太疼他"，主观标记为"太"。"不是应季的菜，不应该吃，否则不安全"，主观标记为"不……不"。各句都有主观态度思想和情感在其中。

试比较"顾不得 [tɤ˦]""怨不得 [tɤ˦]""等不得 [tɤ˦]""算不得 [tɤ˦]"和"顾不得 [tei˨˦]""怨不得 [tei˨˦]""等不得 [tei˨˦]""算不得 [tei˨˦]"，前组都是因为客观原因而"不能 V"，例如：

我忙得都顾不得 [tɤ˦] 你了。
这种工作强度算不得 [tɤ˦] 累。

后组都带有强制性的"不可以 V"，例如：

这孩子贼善良、贼仁义，你怨不得 [tei˨˦] 啊。
他还有三小时才下班，真是等不得 [tei˨˦]。

此外，"V 得 [tɤ˦]"中的 V 通常是及物动词，后面能带宾语，如"今天没风，**烧得**火""大爷的牙镶好后，不但**咬得**馒头，还**咬得**骨头"，相当于"能烧火""能咬馒头、能咬骨头"。而"V 得 [tei˨˦]"中的 V 通常是不及物动词，后面不能带宾语，如下面的例子在方言中很少说成后面的形式，即受事主语不能转换为受事宾语：

这计划咱们**合计得**了。→咱们**合计得**这计划了。

这个哥们儿，我认为**交得**。→我认为**交得**这个哥们儿。

高跟鞋**穿不得**。→**穿不得**高跟鞋。

能性述补结构“V 得 [tɤ˦]”表 V 实现的可能性，如果 V 实现的同时也伴随着某种结果，一般需要用“V+ 得 + 结果”的形式来进一步表达 V 产生的具体结果，如“吃得饱”。但这种表达方式并不适合“V 得 [tei˩˧]”，“V 得 [tei˩˧]”表达 V 实现的必要性，并不会产生任何结果，也就无所谓“V+ 得 + 结果”的形式了。

“V 得 [tɤ˦]”与“V 得 [tei˩˧]”都属于述补短语，前者表 V 实现的可能性，后者表 V 实现的必要性。当二者作谓语时，一般都可各分两个表述，即述语和补语都分别和前面的某名词性成分发生直接联系。例如：

这饭我**吃得** [tɤ˦]。

这饭我**吃得** [tei˩˧]。

在语义指向上，二者指向的名词性成分不同，前者的 V 与补语“得 [tɤ˦]”的语义都指向施事，与受事没有关系，“我吃得 [tɤ˦]”中的“我”和“吃”构成一个叙述关系，“我”和“得 [tɤ˦]”也构成一个叙述关系。后者的 V 与补语“得 [tei˩˧]”的语义都指向受事，与施事没有关系，“我吃得 [tei˩˧]”中的“吃”和“这饭”构成一个支配关系，“得 [tei˩˧]”和“这饭”也构成一个支配关系（其必要性可能是“不吃就坏了”）。

以上是作为述补结构的“V 得 [tei˩˧]”与“V 得 [tɤ˦]”的不同之处。在望奎方言中，“V 得 [tei˩˧]”与状中结构“得 V”也有很多相同点和不同点，上文在介绍二者时有过相关的描写。虽然在结构方式上二者有所不同，但它们都是谓词性的向心结构，在语法上的中心都是 V。同时，V 也是语义上的中心，是结构中的主要信息，是肯定性语气所要修饰、补充并强调的核心部分。但在语感上，由于语用频率效应中“后中心”强势倾向的类化作用 ①，我们更倾向于把语义重心放在后面的成分，也就是说，“得 V”没有什么差别，“V 得 [tei˩˧]”中的“得”由于语法位置的原因被赋予了更重要的语义角色，“得”表义的地位提高了，就相当于整体结构的肯定语气更重，虽然二者的意义差别不是很大，但“V 得 [tei˩˧]”比“得 V”的强调色彩更浓。

三、V 得了

如果说“V 得 [tɤ˦]”属于表达可能性的述补结构，那么“V 得 [tei˩˧]”就是表达必须性的述补结构。“V 得 [tei˩˧]”整体属于谓词性成分，后面可加“了”构成一个非主谓句。除了语气性很强之外，与前面提到的“得 V 了”大体同义。它在望奎方言中是比较重要的结构格式，它的存在说明了在望奎方言中，表达“V 实现的必要性”有两种句式：“V 得 [tei˩˧] 了”和“得 V 了”。

“V 得 [tei˩˧] 了”在方言中还有三种同形的形式需要分辨，前两种只是书写形式相同，在语音和语义上比较容易辨别。首先是“V+ 得了 [tɤ˦lɤ·]”的格式，“得了”是一个谓词，表

① 邹韶华：《语用频率效应研究》，北京：商务印书馆，2001 年 12 月，第 202 页。

“可以了，算了”，例如：

（炉子）没啥烧，就这些年知道了，知道买苞米秸子，能烧炕了。早先整那个炉算子你说也笨，你给那炉算子拿下来不就**得了**，炉算子拿下来烧苞米秸子不就**得了**。

买点苞米秸子，在不捡点儿柴火，不也就**得了**，冷不丁烧完柴火再烧煤根本就不会，那炕都拔挺。

这种“得了[tɤ˥ lɤ·]”经常位于句末，其中的“得[tɤ˥]”和“了[lɤ·]”应该是长期相邻使用语法化的结果，“得”原表“完成”，“了”只是句末表陈述的语气助词，二者在高频使用下演化为表“可以了、行了、算了”的“得了”。除了上述的谓词用法，“得了”还可置于动词后，如“去 / 得了”“要 / 得了”“（你）明白 / 得了”等，前两个“得了”带有商量的语气，相当于“呗”，最后一个“得了”表示“可以了、到此为止”的意思。可见这里的 V 主要是动词性成分，单、双音节均可。除了读音上的不同，在语音节奏上也能与“去得[tei˨˦]/ 了”“要得[tei˨˦]/ 了”“（你）明白得[tei˨˦]/ 了”从根本上区分开。此外，二者的否定形式也有差别，前文提过，“V 得[tei˨˦]”的否定形式是“V 不得[tei˨˦]”，上面的可以否定为“去不得[tei˨˦]了”“要不得[tei˨˦]了”“（你）明白不得[tei˨˦]了”。而“V/ 得了[tɤ˥ lɤ·]”的否定形式为“别 V/ 得了”，上面的可以否定为“别去 / 得了”“别要 / 得了”“（你）别明白 / 得了”。

其次还有一个“V 得了[tɤ˦· liɔ˨˦]”格式与“V 得[tei˨˦]了”在书写形式上同形，V 也是谓词，但这里的“了”并不是作动态助词或语气词而存在的，这里的“了”有其他两种相关意义，述补短语“V 得了[tɤ˦· liɔ˨˦]”也就相应地存在两种分式[①]，其否定形式都是“V 不了[liɔ˨˦]”，下面我们分别具体介绍。

（1）“V 得了[tɤ˦· liɔ˨˦]”整体是组合性述补结构，V 后的“得”是能够后接补语的标志，也是可能标记，表示“能”。补语“了”有实在意义，是动词，表“完结、完、尽”的意思，V 支配的对象是具体的东西（含有 / 隐含数量成分）。作为能性述补短语，整体表“能 V 完 / 尽（某东西）”，如“这些饭我吃得了”，表示“这些饭我能吃完、能吃尽”，结果补语“了”的语义指向是“这些饭”，代表具体东西消耗的“完、尽”。正因如此，V 必须是及物动词，“了”的语义指向才有着落。该式可以省略可能标记“得”，转化为“动作 - 结果”的基本格式“V 了[liɔ˨˦]”，如“吃得了”“用得了”变为黏合性的“吃了”“用了”。但该式不能省略“了”，转化为“V 得[tɤ˥]”，如“吃得了”“用得了”不能转化为“吃得”“用得”，这与下面的第二种情况有很大相同。

（2）与上式相同，“V 得了[tɤ˦· liɔ˨˦]”在整体上也是组合性述补短语，“得”为可能标记及后面能接补语的标记，但后面的“了”意义有所虚化，是由具体东西消耗的“完、尽”，虚化为具体 V 的“完成”，加“得”后就表示具体 V 完成的可能。“V 得了[tɤ˦· liɔ˨˦]”解释为“能完成 V”，这与上面的“能 V 尽（某东西）”有所区别。比如“去得了”，表示“能去了”，即能完成“去”这一动作，结果补语“了”的语义指向是“去”，即 V 的完成。正因如此，V 必须是不及物动词，“了”的语义指向才能确保是 V。该式不能去掉可能标记“得”，转化为“动作 -

---

① 作为能性述补结构，在方言中一般都会被“能 +V”来代替，但“V 得了[tɤ˦· liɔ˨˦]”在方言中却经常被运用，这只是个例。

结果”的基本格式“V 了 [liɔ˩˧]”,如“去得了”“学得了”不能说成黏合性的“去了”“学了”。但该式可以省略“了”,转化为“V 得 [tɤ˥]”,如“去得了”“学得了”可以说成“去得”“学得”,只是很少这样使用。

上述“V 得了 [tɤ˦· liɔ˩˧]”两分式分别表示“V 完 / 尽(某东西)的可能性”和“完成 V 的可能性”,都是能性述补结构,也都是与“V 得 [tei˩˧] 了”和“V/ 得了 [tɤ˥ lɤ·]”书写形式相同但实际有很大差异的结构。当然,“V 得 [tei˩˧] 了”在方言中的第三种同形的形式,就是我们上文提到的“V 得 [tɤ˥]”加上动态助词或语气词“了”构成的形式,即“V 得 [tɤ˥]/ 了”,其意义与用法与“V 得 [tɤ˥]”大致相同,此不赘述。至此,我们共介绍了四种“V 得了”形式,它们分别是:

V 得 [tei˩˧]/ 了(如“你已经一天没吃饭了,**吃得了**。”)

V 得 [tɤ˥]/ 了(如“别怕烫,我才刚尝过,这东西**吃得了**。”)

V/ 得了 [tɤ˥ lɤ·](如“别装了,都看你流口水了,**吃得了**。”)

V/ 得 [tɤ˦·]/ 了 [liɔ˩˧](2 种)(如“就是做再多的糕点,我也**吃得了**。”)

四、小结

本节主要对方言中的三组结构进行了对比。

(一)“得 V”和“V 得 [tei˩˧]”的对比

(1)在状中结构“得 V”中,V 的构成材料是动词性成分、性质形容词和状态形容词。在述补结构“V 得 [tei˩˧]”中,V 的构成材料是动词性成分和性质形容词。

(2)“得 V”内部要素的意义关系是:“得”用来限定 V,表对 V 所代表的动作、性质的确定语气。整体表“一定会 V,必须 V”。“V 得 [tei˩˧]”内部要素的意义关系是:“得”是对 V 在语气上的补充,表某种“必须这样”的情态,主观性鲜明,但“得”由于语法位置的原因,表义地位提高了,整体结构语气更重,强调色彩更浓。整体表“应该 V,必须 V”。

(3)“得 V”没有否定式,整体功能是谓词性的,其中的 V 在句中可作谓语,一般不作主语,可作定语和状语。在句子的谓语成分是部分认知类或心理类动词时,还可作宾语(如“我觉着得去”)。“V 得 [tei˩˧]”的否定式为“V 不得 [tei˩˧]”,整体功能是谓词性的,其中的 V 在句中主要作谓语。在句子的谓语成分是部分认知类或心理类动词时,还可作宾语(如“这个哥们儿,我认为交得”)。通常不作主语、定语、状语和补语。

(二)两种同形形式“V 得 [tei˩˧]”和“V 得 [tɤ˥]”的对比

“V 得 [tei˩˧]”表 V 实现的必须性。V 可以是双音节,不能与“V 得了 [tɤ˦· liɔ˩˧]”替换。判断性强,有劝诫提醒的意思。不能带宾语和补语。

“V 得 [tɤ˥]”表 V 实现的可能性。V 只能用单音节形式,可与“V 得了 [tɤ˦· liɔ˩˧]”替换。客观性强。能带宾语和补语。

(三)四种同形形式“V 得了”间的对比

除了表达内容的不同,读音、语音节奏及否定形式也能将它们分开。

（1）“V 得 [tei˨˦]”整体属谓词性成分，后面加“了”可构成一个非主谓句“V 得 [tei˨˦]/ 了”，与“V 得 [tei˨˦]”和“得 V 了”大体同义。否定形式为“V 不得 [tei˨˦] 了”。

（2）“V/ 得了 [tɤ˥ lɤ·]” 其中 V 主要是动词，单音双音均可，“得了” 附在 V 后，表 “可以了、算了”或商量语气。其否定形式为“别 V/ 得了”。

（3）“V 得了 [tɤ˦· liɔ˨˦]”中，V 也是谓词，“了”有表具体东西的“完结、完、尽”义和虚化后的“具体 V 的完成”义，组成两小类“V 得了 [tɤ˦· liɔ˨˦]”。前者及物，后者不及物。二者的否定形式都为“V 不了 [liɔ˨˦]”。

（4）“V 得 [tɤ˥]/ 了” 此时的 “了” 为动态助词或语气词，整体的意义与用法与 “V 得 [tɤ˥]”大体相同。

第二节　“知不道”和“不知道”

在望奎方言的口语中，存在 “知不道” 这样的说法，尤其是在一些老年人之间。“知道” 作为意义整体化、结构凝固化的词语，其否定式应是“不知道”。将“不”插入其词语内部，说成 “知不道”，无论是与客观存在的现代汉语语法规律，还是与现代汉语语法规范，都是相悖的。这与西南方言中存在于某些农村地区的“晓不得”颇为相似，二者同为知晓类“V 不 P” 结构（与“不 VP”对应），可以说在方言口语中与“不 VP”同时存在。除了结构不同外，它们的意义和用法极为相似，但 “V 不 P” 却没有被 “不 VP” 完全取代，这也不符合语言的经济性。下面，我们以望奎方言中的“知不道”为视角，对此问题进行具体考察。

一、对相关研究的认识

学界对“知不道”来源的认识分歧，主要在于其最初结构和各种分化字、异体字、讹记字的使用问题上。

沈怀兴（2005）认为，“知不道”初作“智不到”，是**主谓结构**，意思是“知识、智慧不到”，后引申为“认识不到”。由于“智”是“知”的分化字，也可能写作“知不到”。南宋后，“到”或作“道”，南宋后期基本完成了由“智不到”到“知不道（到）”的过渡。而宋元后，文献中多用“知不道”，“知不到”越来越少①。这种解释有两点说不通。首先，两次更换用字似有牵强，只提到了代替字的可能性，没提到其必要性。虽然引证了大量文献，但并未解释为何不用本字，“也可能” 的主观推测性较强。其次，关注了大量的文献资料，但没有看到书面语和口语之间的相互影响。

庄会彬（2013）认为，北方方言里的“知道”“知不道” 本该记作 “知到”“知不到”，是由汉语中表可能和结果的**动补结构**类推而来。但由于在更早出现的、早已被习惯使用的 “知道（他义演变而来）”的强势影响下，口语中表“知”义的“知到”一直被讹记作“知道”。而当 “知道” 在文献中被标准化后，其否定形式 “不知道” 最终胜出，“知不到” 自然也就被 “规范掉” 了，只留在某些方言口语中，有时也记作 “知不道”。这种现象是书面语战胜口语的个

① 沈怀兴:《“知不道”和“不知道”》,《语言研究》,2005 年第 3 期,第 30—31 页。

例[①]。这种解释看到了“知不道”与“不知道”的并存是由于口语和书面语发展不平衡导致的。

本书赞同后一种解释,“知不道”最初为动补结构。但以上研究在视角上只是单纯从与“不知道”的区别入手来研究“知不道”的来源。我们还应意识到,只对异构形式“知不道”与“不知道”的不同处进行对比,而没有与其他类似同构形式的相同处进行比较,不太容易接触到问题的本质。在西南方言的某些老派口语中,同为知晓类的词语“晓得”,其否定式“晓不得”的使用也是超出常规的句法现象。汉语中的一些“V 得”动补结构,当其是短语时,其否定形式通常都是在短语内部加“不”,不能在短语整体前加“不”,如“吃得”的否定形式是“吃不得”,不是“不吃得”。而当其是结构凝固的合成词时,如“见得”“谙得”的否定形式只能说成“不见得”“不谙得”,不能说成“见不得”“谙不得”。“晓得”的否定形式却同时可以说“晓不得”“不晓得”。在《朱子语类》中,“知”“晓”有多处在句中并举[②]。在现代汉语方言中,它们否定式的构词方式又极为相似。考虑到“晓不得”“知不道”在使用上存在一南一北的共时地域差异,可对二者的历史发展过程进行梳理,以此来揭示它们的共同之处。除上面既往研究提到的口语和书面语的相互影响外,我们还应重视以下两点。

(1)在构词方式上,“知不道”与“晓不得”具有同构性。前面提过,在书面语中,“知不道”是“知不到”的异体词。“知不到”与“晓不得”同为动补结构,它们的肯定形式为“知”“晓”。而“不知道”“不晓得”同为偏正结构,它们的肯定形式为“知道”“晓得”。从某种程度上说,“不知道”“不晓得”被确定为标准形式,除了它们符合汉语客观的语言规律外,还在于它们的肯定形式与另一组的肯定形式“知”“晓”存在双音节和单音节的不同。我们知道,自魏晋以来,汉语词语有双音化趋势,“知道”“晓得”自然战胜了意义相同的“知”“晓”。

(2)在表达主客观问题上,“知不道”与“晓不得”具有相通性。以前被人们所熟知的表“知道”义的“知”“晓”,其否定形式可以说“不知 / 未知 / 莫知”“不晓 / 未晓 / 莫晓”,还可扩展为“不可知”“不能晓”等说法。在表强调或主观看法时,也可说成“知不到”“晓不得”,与同是动补结构的“知(得)到”“晓得”相对。也就是说,以前的“知(得)到”“晓得”,是作为“知”“晓”动补形式的肯定式存在的,它们与“知不到”“晓不得”都具有主观性。我们认为,正是因为它们能够表达主观看法,所以至今还保留在汉语中,与“不知道”“不晓得”形成主观认定和客观陈述方面的对立,前组代表主观“没认识到”,后组代表客观上“不明白”。“知不道”“不知道”并存的原因,同时也是“晓不得”“不晓得”并存的原因。

二、从历史来源看“知不道”和“晓不得”的同构性

既然“知不道”“晓不得”这种结构方式的存在是汉语发展的历史现象,我们就从历史角

① 庄会彬:《北方方言中的“知不道”考源》,《语文知识》,2013 年第 1 期,第 26—28 页。

② 徐时仪:《〈朱子语类〉知晓概念词语类聚考探》,《上海师范大学学报(哲学社会科学版)》,2012 年第 5 期,第 71—85 页。

度对它们进行考察。

（一）“知不道”和“不知道”

1.“知不道”的来源和结构

“知不道”本应为动补结构“知不到”或“知不得”，先贤们对此早已进行过研究。徐复岭（1992）指出，从宋元到明清时期，“知道”一直与同义的“知得”混用，在使用中二者可互换[①]。庄会彬（2013）也指出，“知不道”中的“道”很难释读，借助于通假，“道”通“得、到”，“知不道”应为“知不得”或“知不到”[②]。而且从语法上看，望奎方言中存在一些“知得道”这样的说法，肯定式“知道”中间还能插入“得”，这明显是把“道”当作“知”的补语成分来看待，也只有“到”能够扮演这一角色。此外，在读音方面，方言存古，在一些南方方言中，“道”“到”是两个读音，在表“晓得”义时，方言中一般读成“知到”。

“知到”的最早用例，是在五代时期，如：

早**知到**没艰辛地，悔不生时作福田。（五代，《敦煌变文选》）

而“到”是在唐宋以后彻底完成语法化的[③]，其具备作补语的资格大致与“知到”的产生在同一时期。

但因为习惯问题，“知到”还是被六朝后就产生的、早已被人们所熟知的表“知”义的“知道”的写法所代替，例如：

汝且不曾见他说法，争得**知道**他讲赞不能平等？（五代，《敦煌变文选》）

在“知道”后来被推广的影响下，否定形式“知不到”要么记作标准形式“不知道”，要么记作“知不道”留在了方言中。

2.“不知道”的来源和结构

“道”原指“道路”，后引申出“道理、规律、道义、事理”等意义。在战国时期，“知道”作为动宾短语最早连用在了一起，意思是“明白事理、了解道义、懂得规律”，代表一种自我修养，如：

无思无虑始**知道**，无处无服始安道，无从无道始得道。（战国，《庄子》）

而偏正短语“不知道”就是没有这种修为，此时“知道”的大量使用使“不知道”也大量存在，如：

故心不可以不知道；心**不知道**，则不可道，而可非道。（战国，《荀子》）

而此时语言社会仍是用“知”来表达“晓得”义。直到六朝时期，“知道”才从“明白事理、了解道义、懂得规律”义引申为“对事物有所了解”义，结构凝固化，零星地出现在一些文献中，如：

---

① 徐复岭：《“知道”的构词方式是什么？》，《汉语学习》，1992 年第 6 期，第 20—21 页。

② 庄会彬：《北方方言中的“知不道”考源》，《语文知识》，2013 年第 1 期，第 26—28 页。

③ 陶振伟：《“到”的语法化》，《河北理工大学学报（社会科学版）》，2006 年第 2 期，第 155—157 页。

方之人情，固**知道**迫隘之地，无得保其夷粹[①]。（《世说新语》）

唐朝才开始常见，如：

譬如人行，先须**知道**通塞之相，然后决定一心涉路而进，故说巧慧一心。（唐，佛语录，《小止观》）

其否定式“不知道”出现于北宋，由于表“知”义“知道”的广泛使用，“不知道”后来居上，逐步代替了北宋时期也已存在的“知不到”，如：

事事都有个极至之理，便要知得到。若**知不到**，便都没分明。（北宋，语录，《朱子语类》）

固是就喉、舌、唇、齿上分，他便道只此便了，元**不知道**喉、舌、唇、齿上亦各自有宫、商、角、徵、羽，何者？（北宋，语录，《朱子语类》）

（二）“晓不得”和“不晓得”

与“知不到”“不知道”相比，由于没有后起的其他词语与之竞争，“晓不得”“不晓得”的情形要简单很多，它们只是同一形式“晓得”在词汇化前后不同的否定式而已，我们具体来看二者的来源和结构。

徐复岭（1992）指出，在近代汉语中，某些“× 得”与“× 道”曾是混用的形式不定的异形词，其中举例就有“知得 / 知道”“晓得 / 晓道”“觉得 / 觉道”。它们到了现代汉语阶段才逐渐定型，只采取其中的一种形式，如“觉得”“知道”等[②]。可见“晓得”与“知道（到）”一样，也曾是动补结构的短语。在很多文献中，“知”与“晓”都是对举使用的。“晓”原指“天亮、破晓”，后由具体到抽象，由表感知引申为表认知，感知上的“天亮”象征着认知上的“明白”，逐渐取得“对事物有了解”义。“晓不得”“不晓得”两种否定式的产生与“晓得”中“得”的语法化进程有密切关联。“得”最初是表“得到、获得”的实义动词，当“得”引申为表“实现、完成”时，“晓＋得”是内部松散的短语结构，意思是“达到明白”，其中间可插入否定词“不”。“晓”的否定形式就是“不晓”或“晓不得”，我们找到的“晓不得”最早用例在北宋时期，如：

某尝谓人看文字**晓不得**，只是未曾着心。文字在眼前，他心不曾着上面。（北宋，语录，《朱子语类》）

“得”在动词后面虚化为表动作实现的助词后，进一步虚化为补语标记。在唐宋时期，一些抽象的心理动词与“得”组成的动补结构，整体都有词汇化的大趋势，如“见得、认得”等。在这个类推的机制下，短语“晓得”也开始走上词汇化的道路，二者紧密融合在一起，“得”进一步成为构词成分，但在词汇化初期这种用例较少，如：

自家都未要先立意见，且虚心只管看。看来看去，自然**晓得**。（北宋，语录，《朱子语类》）

值得注意的是，只要没彻底完成词汇化，“晓得”的否定式可以是“晓不得”，也可以是

---

① 庄会彬：《北方方言中的“知不道”考源》，《语文知识》，2013 年第 1 期，第 26—28 页。

② 徐复岭：《“知道”的构词方式是什么？》《汉语学习》，1992 年第 6 期，第 20—21 页。

“不晓得”。这就导致在相当一段时间内，“晓不得”和“不晓得”并存使用。经在 CCL 北大语料库中搜索，唐宋时期“晓不得”共 71 例，“不晓得”19 例，说明“晓得”还未完成词汇化。而在元明清时期，“晓不得”只有 3 例，“不晓得”有 1057 例，“晓得”彻底完成词汇化。至此，“不晓得”成为书面语中的标准形式，“晓不得”只保留在了今天的某些方言口语中，如：

老孙问：“我咋个**晓不得**？”我讲：“我们派的是自费生，不消劳你外办大驾了。”（当代文学，小说，《闯西南》）

所以，从某种程度上说，“晓不得”“不晓得”的使用也是口语和书面语发展不平衡导致的。

三、从主客观看“知不道”与“晓不得”的相通性

“知”“晓”同为知晓类词语，词义都含“对事物明白了解、取得认识”的意思，属于心理动词。“知”“晓”不但可以对举使用，“知晓”“晓知”还是同素逆序词。但二者的侧重点有所区别，“知”倾向于指人的感知、知觉，而“晓”倾向于指人理解通透、晓悟的程度较高。

前文提过，“知道（到）”“晓得”都曾是动补结构的短语，其中的“到”“得”都是补语成分，它们放在动词后面，都有补充说明该动作行为已“达到、完成”的意思。同样，它们的否定式“不到”“不得”就是“**无法**达到、完成”该动作行为，是“不能”的意思，“知不道”“晓不得”就是不能实现“知”“晓”这种结果，其中的“知”“晓”是因，“不到”“不得”就是果。它们都含一种主观认定义，就是主观上认定**不能**完成“知”“晓”这一具体动作、认识不到，“知”“晓”已超出了能力范围。由于“知不道”“晓不得”是“知道（到）”“晓得”双音化或词汇化之前的否定式，“知”“晓”与“不到”“不得”间可插入其他成分，如“知他不道”“晓他不得”等。

而“知”“晓”的否定形式多用“不知”“不晓”来表示，双音化为“知道”“晓得”后，其否定形式多用“不知道”“不晓得”表示，它们都是偏正结构，是客观上对“知道”“晓得”这种现实的否定，属于“否定副词＋动词”的客观陈述。由于“不知道”“不晓得”是“知道（到）”“晓得”双音化或词汇化之后的否定式，“不”与“知道”“晓得”间通常不能插入其他成分。

“知不道”“晓不得”一般用在对话体中，作为表心理活动的动词短语，一般处于谓语部分。“知不道”后面可带宾语，即那些主观上认为没有能力了解的事物，“晓不得”通常省略后面的宾语，独立使用，如：

六旺：“没说，人家不认得咱们，人家**知不道**咱们谁是谁！”（当代电视电影，文艺，《鬼子来了》）

六旺乐了：“看！连他自个都**知不道**，我上哪知道去呀？这事，你也就别问了。”（当代电视电影，文艺，《鬼子来了》）

家里的地我顾不上种，收的啥也**晓不得**。（当代报刊，新华社）

我挨孙科长讲：“我们公司小张马上也要出国。”老孙问：“我咋个**晓不得**？”（当代文学，小说，《闯西南》）

而“不知道”“不晓得”常常用在比较正规的文体之中，后面的宾语一般是客观现象和事实，如：

几个月的婴儿甚至不能意识到自己身体的存在，**不知道**自己身体的各个部分是属于自己的。（当代 CWAC，APM0096）

我讲了一辈子的艺术，但是**不知道**艺术是什么。（当代 CWAC，APM0061）

但由于一般人民从未开过这种洋荤，不相信要到哪年哪月才真正兑得差不多，即便真正兑得差不多了，又**不晓得**怎样使用。（当代，史传，《宋氏家族全传》）

凡夫不知善和恶本无一定的界线，**不晓得**一切善、一切恶都是自心的分别，不知其心。（当代应用文，社会科学，《佛法修正心要》）

所以，虽然它们的意义类似，但“不知道”“不晓得”是对客观的叙述，“知不道”“晓不得”则是一种主观上的认定。

四、小结

关于“知不道”和“晓不得”的研究，就目前来看还是偏少，而且大多数只是描写其中的一种。但目前已有的文献都是十分有价值的，被描写的一种经常会为另一种研究提供某种思路。此外，通常情况下，如果某些共时的语言现象超出了语法常规，我们应考虑从历时角度重新出发，这样能给我们更多启发。

第三节　动宾变式结构和动宾交叉结构

在汉语普通话及许多方言（如山东话）的日常交际中，存在许多变式句，比如：

①上超市了我。

②啥情况啊目前？

③多难吃啊这菜。

④我有老多仗义的哥们儿了，智勇双全的、忠厚老实的。

⑤我一直都这么称呼他啊从小到大。

⑥掉了几个雨点儿，星崩儿地。

其中①②③是为了突出强调、引起对方注意等语用目的，将主语和谓语颠倒位置。④⑤⑥是将修饰、限制成分移位到句末，将定语、状语和中心语颠倒位置，后置成分对句意的表达起到了追加补充作用。总之，它们都是根据表达需要，把最重要信息置于句首。

在望奎方言中，除上述的主谓变式结构、修饰语同中心语的变式结构外，还存在两类较为特殊的结构：动宾变式结构及其影响下的动宾交叉结构[①]，它们都与语言接触有关。

---

① 后一种结构只在小范围内使用，如某些满族村的满族居民（尤其是老年人）在与家人、朋友交际时等轻松随意的非正式场合使用，使用得也较少，所以一直处在方言交际的底层。

一、动宾变式结构[①]

方言中存在一些该类变式结构。普通话的正常语序通常是“主语 + 谓语 + 宾语”的 SVO 语序，那么动词、宾语的变式结构主要就是指 SOV 结构、OSV 结构，以及非主谓句 VO 变式而来的 OV 结构[②]。下面我们具体考察方言中这三种结构存在的情况。

1.SOV 结构

例如：

我函数这部分不明白。

你说咋整吧，**我养老保险钱交了**。

他我写的字看不懂。

你面膜有吗？

我一次争取名额的机会浪费了。

我老弟脾气没有，人还上进。

相对于 SVO，SOV 结构只相当于把谓、宾语调换了位置，使主、宾语相连，类似于普通话中的“大小主语”形式。

2.OSV 结构

例如：

现在望奎我老姑在。（处所宾语）

百盛广场我去过。（处所宾语）

粘苞米你吃不吃？（受事宾语）

你也不想想，**两个小嘎豆儿小孩我照顾得过来吗？**（受事宾语）

完了后尾儿成绩他还是提高不上去，还那套号儿。（受事宾语）

学费我们替你交了，等你以后挣钱再还。（受事宾语）

相对于 SVO，OSV 结构只是将宾语前置于主谓语了，类似于普通话中的话题句。

值得注意的是，上面两种结构如果成句，与普通话中的主谓谓语句结构看上去相似，但二者有两点不同：首先，普通话主谓谓语句中的大主语很少是处所名词，而望奎方言里 OSV 结构中的 O 可以由处所名词充当；其次，普通话主谓谓语句的小谓语可以是动词、形容词和名词，但望奎方言里这两种结构中的小谓语一般只能是动词性的。

3.OV 结构

例如：

不听你们叽咕，**学校去**。（处所宾语）

咱认识，卖给你便宜，**六块钱一个给**。（受事宾语）

---

① 汉语学界对主宾语的认识问题存在分歧，本书提到的“动宾变式结构”，是指语句中违背“谓词 + 宾语”的常规语序，出现“宾语 + 谓词”的情况。

② 方言中不存在 OVS 结构。

冰棍儿吃吗？（受事宾语）
中药也吃了，一点儿也不见好。（受事宾语）
爸一年的养老保险交了。（受事宾语）
硬菜上吧，净吃素的了。（受事宾语）
你电脑要是坏了，**我电脑使**。（工具宾语）
茉莉花茶有吗？（存现宾语）
共同好友没有，不是一个朋友圈。（存现宾语）
年纪小的也有，年纪小更适合（表演）。（存现宾语）
我家女孩子都淘，**淑女的那种没有**。（存现宾语）
马车进来的话，路面儿就白清理了。（施事宾语）

相对于 SVO 结构，OV 结构相当于把动宾形式非主谓句中的动、宾语调换了位置。

相对于其他宾语常常前置于动词的语言来说，方言中这种动宾语交换的语序还明显不稳定，经常处于和常规 VO 语序的交替使用中。但能够看出，这种语序应该是过去受域内其他语言 SOV 语序影响后的遗留，是由语言接触导致的，而并非来源于普通话中因突出强调等语用目的而存在的宾语前置结构，主要原因有以下四点。

（1）宾语前置结构的宾语一般都是受事宾语，而方言中除了受事宾语外，还包括一些处所宾语、存现宾语、工具宾语和施事宾语 ①，如上面的例句。

（2）宾语前置结构的宾语一般较为复杂，前置的一部分原因是为了平衡整个结构，还有把关键信息置于最前面以引起对方注意的作用，试比较：

我没去过四道街口的那个卖日常生活用品的新开的超市。
四道街口的那个卖日常生活用品的新开的超市我没去过。

前句的说法给人一种“脚重头轻”的感觉，后句就平衡了很多，也比较容易让人理解。但方言中的动宾变式结构，有一些宾语是十分简单的，没有任何修饰或限制的成分，如“**学校**去”“**面膜**有吗”“**冰棍儿**吃吗”“**风扇**开吗”“**硬菜**上吧”“**我电脑**使”等。

（3）宾语前置结构中的动词一般是复杂的 ②，但方言中动宾变式结构中的动词，很多都是较为简单的光杆儿形式，没有其他修饰或限制的成分。如 SOV 结构中的“我面膜**有**”、OSV 结构中的“现在望奎我老姑**在**”、OV 结构中的“学校**去**”。

（4）虽然上述三种动宾变式结构规律性不是很强，并且未成系统，但在方言中确实存在一些，这与基于语用目的而临时改变语序的情况有所不同。

二、动宾交叉结构

以下两类结构较上述三类相比，并不是很常见，但有时也出现。

1.OVO 结构

例如：

①② 黄玉花，王莹：《汉语朝鲜语接触类型与演变机制》，《社会科学战线》，2020 年第 8 期，第 251—255 页。

你这做饭也不合理啊，一桌子菜，**饭没有几口饭**。

能进我朋友圈的就一个原则：孝顺的，**不孝顺的坚决不交往不孝顺的**。

这儿哪像南方庄稼一年几茬，**稻子收一茬稻子**。

无关的人不要打听无关的人。

2.VOV 结构

例如：

这孩子给我的印象，**说话**慢悠悠地**说**。

她**是我姐家孩子是**，所以跟我特别亲。

我**吃点儿苦**根本就**吃不了**。

你自己**坐飞机**能不能**坐**？

从小到大的朋友背井离乡，他**没有一丁点儿难过也没有**。

这类 VOV 结构大多数动词后没有宾语或补语等其他成分，属于严格意义上的 VOV 结构，如“没有一丁点儿难过也没有”。但有些后面有一些补充成分，如上例中“我吃点儿苦根本就吃不了”，再如“她学外语学到半夜”“他吃螃蟹吃多了”“他跑百米跑伤了膝盖”，都相当于动词拷贝结构[①]，一般是由复句紧缩而来，即“我吃点儿苦，我根本就吃不了。”“她学外语，她学到半夜。”“他吃螃蟹，他吃多了。”“他跑百米，他跑伤了膝盖。”这种不属于严格意义上的 VOV 结构。

上述两种动宾交叉结构相对冗长，含多余的表达成分，并不符合语言使用中人们的求简心理，也不符合 SOV 与 SVO 任何一种语法规则，但在方言中却真实存在一些。这更像是一种 SOV 与 SVO 接触时互相靠拢、调整的中间状态。比如常使用 OV 结构的人，为了向汉语的 VO 靠拢而在后面追加了 O，就变为 OVO 结构。常使用 VO 结构的人，为了适应对方的 OV 结构而在后面追加了 V，就变为 VOV 结构。而对于大多数以汉语为母语的人，由于汉语本身就有宾语前置结构的存在，也并不认为 OV 结构的表达突兀，因此这种结构也就产生了。

三、对满语接触性影响的判定

（一）具体论证

我们认为，望奎方言中这几种特殊结构是受满语 SOV 语序影响的结果[②]，是由于语言接触而来的。下面列举的是当地满族汉语的具体口语实例：

你学生证有吗？（SOV 结构）

他一般的嗑儿话不懂。（SOV 结构）

你我买的蛋糕吃没了？（SOV 结构）

---

① 即“动词＋宾语＋动词＋补语”的格式，其中两个动词相同。

② 汉语某些南方方言在语序类型上多多少少也存在 SOV 语序，但从望奎方言的形成历史上看，应排除南方方言的影响，更有可能是满语 SOV 基本语序的影响。

学校只有我师妹在。（OSV 结构）
这工作你干不干？（OSV 结构）
这么重的担子他拿起来了。（OSV 结构）
高考志愿填完了，北京去。（OV 结构）
这么热的天，水喝吗？（OV 结构）
你的没了，我洗面奶用。（OV 结构）
这人，毛病有。（OV 结构）

这样的语序在满族汉语和满语中都存在着，这些语言现象表明，望奎方言的“动宾变式结构”很可能是受满语 SOV 语序影响所致，下面我们具体论证。

吴福祥（2009）提出了判定接触性语法演变的重要参数，分别是发生学关系的分布模式、语法描写者的观察和判断、语言接触的历史和现状、其他迁移特征的实例等几方面①。除了上文我们观察和判断的四点原因外，下面我们继续考察其余三方面。

1. 汉满语接触的历史和现状

（1）历史上。在前言中我们提到过，望奎县属于移民县城，除去国内省与省之间的语言碰撞，从跨语言角度看，在历史上，望奎方言和满语、日语、俄语、朝鲜语都有过接触②。在满语方面，望奎历代是满族人繁衍生息之地。清初，东北就被刚入关的满人视为“龙兴之地”。而望奎也正由于处在正蓝旗五井和镶红旗五井之间，故名曰“大五井子”③。在民族构成上，据旧县志记载：“1918 年全县有满族 7 618 人，为本县最早集居的一个民族”。在清末“解禁”前，望奎县人烟稀少，极少数满族土著操满语。1897 年全面开禁后，华北一带持各种方言的汉族人相继开垦此地，外加辽沈一带部分的满汉居民北迁，巩固了当地的方言④。满族作为一个本土民族，在历史上曾与汉族有过多次语言上的接触，多少都会在对方的语言上留下痕迹。

（2）现状。望奎满族地理文化丰富，现有惠七满族镇（县东北隅）、灵山满族乡（县城北部）和厢白满族乡（县东北部，内部有 5 个满族村）等 3 个满族乡镇，占全县乡镇总数的 1/5。有厢红七等满族村 19 个，占行政村总数的 17%。此外，在望奎县城内，也散居着非常多的满族同胞。全县满族人口共 5.2 万人，占全县人口的 1/10。县内还有一个满族博物馆，集中展示了满族民间习俗和传世文物，是传承、弘扬满族文化的重要场所。望奎县是黑龙江省民族工作重点县之一⑤。所以，在望奎县，满族同汉族间存在着“大杂居，小聚居”的现状。在这些满族的聚居区，民族语言对当地方言的反作用也值得关注。地理上邻近的不同语言在长期

① 吴福祥：《南方民族语言动宾补语序的演变和变异》，《南开语言学刊》，2009 年第 2 期，第 59—73 页。

② 其中，满语属于中国少数民族语言，朝鲜语也同时是中国少数民族朝鲜族的语言。

③ 搜狐网：《荣升国家二级博物馆——满族博物馆》（闫光明），https://www.sohu.com/a/444354938_556677，2021 年 1 月 13 日，2021 年 1 月 22 日。

④ 望奎县地方志编纂委员会编纂：《望奎县志》，南京：南京第四彩色印刷厂，1989 年 11 月，第 95 页、632 页。

⑤ 搜狐网：《荣升国家二级博物馆——满族博物馆》（闫光明），https://www.sohu.com/a/444354938_556677，2021 年 1 月 13 日，2021 年 1 月 22 日。

接触中会造成语言结构的变异，本来不同类型的语言也出现某种类型上的相似[①]。这些满族人的祖先很多都掌握汉满双语，虽然在这些聚居区汉语仍是强势语言，但他们掌握的满语难免会对汉语产生影响，也就是他们掌握的汉语是满语影响下的汉语。当他们与当地汉族人进行沟通交流时，有时也会影响到汉族人的汉语使用情况。这些影响大部分可能在汉语的强势浸润下随即消亡，少部分则会发生语言转用（如满语的 OV 语序），但最终也会留存在当地方言的底层。

2. 发生学关系的分布模式

即与境外相关的亲属语进行比较。因为我们考察的是汉语中某一地域方言的语言现象，所以确定的观察和比较对象是除东北方言以外的其他相关方言。东北官话与冀鲁官话、北京官话有一定的渊源关系。经考察，望奎方言的这种动宾变式结构、动宾交叉结构分别在两种官话方言中分布不那么广泛或没有分布。这也说明这两种结构是受东北“白山黑水”间的土著民族——满族的语言影响下形成的。

3. 其他迁移实例

在当地有一些关于满语借词等其他类语言迁移类别的实证[②]，比如方言中的“抹撒[mᴀ˥ sᴀ·]”对应满语的“macimbi”，表“使舒展开来”。“哈拉巴[xᴀ˧˥ lᴀ· pᴀ˥]”对应满语的“halba”，表“肩胛骨”。“膈叽[kɤ˦ tɕi·]”对应满语的“gejihesembi”，表“挠痒痒（逗小孩）”。“特勒[tʰɤ˥ lɤ·]”对应满语的“letelata”，表“不利索”。其他例词[③]如：

河楞[xɤ˦ ləŋ·]液体留下的污渍、刹楞[ʂᴀ˥ ləŋ·]做事利索、迅速、旮拉哈[kᴀ˧˥ lᴀ· xᴀ˥˩]动物腿上的关节、弧勒[xu˦ lə·]清扫灰尘、□[lai˧˥]撕、故懂[ku˥˩ tuŋ·]心肠坏、欠儿灯[tɕʰiɐr˥˩ təŋ˥]爱管闲事儿、盯价儿[tiŋ˥ tɕiar˥˩]总是

在现有文献中，我们还可查阅到东北其他地区汉满语接触带来影响的实证。余志鸿（2000）以东北满语等语言状况为例，说明语言接触与语言结构变异的研究必须放在历史环境、社会文化的大背景中考察。在黑龙江省富裕县三家子村的满汉双语时期，在语法方面使用上的特点是，语序从 SOV 向 SVO 转化[④]。这是当时汉语对当地满语产生的极重要影响。但影响过后，可能会有一些带有满语语序的语言实例最终留存在汉语底层。

（二）两类结构产生的动因

汉满两种语言属于不同语系，语言类型和基本语序都存在很大区别：前者是孤立语、SVO 语序；后者是黏着语、SOV 语序（阿尔泰语系）[⑤]，不太容易相互影响。但一方面，如前文所述，二者在历史上接触时间较为久远，接触程度比较深入。另一方面，汉语本身就存在一些宾语前置结构或在某些方言中 OV 语序使用较多，所以满语的影响只是激活了汉语本

① 余志鸿：《语言接触与语言结构的变异》，《民族语文》，2000 年第 4 期，第 23—27 页。

② 这些满语词在当地使用很频繁。

③ 例词中的汉字是作为记音符号使用的。

④ 余志鸿：《语言接触与语言结构的变异》，《民族语文》，2000 年第 4 期，第 23—27 页。

⑤ 陈新义：《中国阿尔泰语系的语序类型研究》，博士学位论文，中央民族大学，2011 年 12 月。赵君秋，石微：《从〈清文启蒙〉看清初满族人对汉语的使用》，《东疆学刊》，2015 年第 1 期，第 41—45 页。

身的一些隐性特征[①]。此外,由于一些社会原因,如民族认同、经济文化交流、语言态度等因素的影响,汉语对满语有着深刻的影响,满语对汉语也产生过一定的作用,这是语言充满活力的表现。只是由于汉语一直处于主导地位,方言的语言类型、语言格局并没有发生质的变化,即使是量变很可能也只是处于某一阶段而已,这些接触性的影响最终会留存于方言的底层。

(三)方言中汉满语接触的层次性

由于汉满两民族长期的混居生活,方言在满语的影响下,出现了以上两类特殊结构。这两类结构,都是语言接触下带有混合性质的方言现象:第一类结构使用了满语的语序,填充汉语的词汇。第二类结构则直接混合两种语序。

第一类结构比较符合汉语的语感,有些在方言中一直被认为是宾语前置结构,大多数场合都可使用,可以说是与汉语共有的结构,只是在两种语言中出现的频率不同,可以看作"高势语[②]"的望奎方言,处在语言交际的上层。

第二类结构较为零散,并且违背了汉语语法的常规,只在某些场合使用[③],可以看作"低势语"的望奎方言,一直处在语言交际的底层。虽然作为特殊结构较为典型,但因处于汉语和满语二者中间的状态,并不像动宾变式结构一样靠近于某一种语言,因而不那么纯粹。由于沉淀在方言中的最低层次,所以使用得相对较少。

一些方言语法在分析方言与普通话的差异时,经常把一些方言现象混杂在一起,忽略这种差异内部的层次性。比如上述两类结构,可能会被笼统地归纳为"语言接触影响下的方言与普通话的区别",不去从层次上进行区别对待。这两类结构都属于望奎方言的语法现象,在与普通话进行对比研究时,应分清由于交际场合的不同,动宾变式结构属于望奎方言的"高势语"与普通话的区别,动宾交叉结构属于望奎方言的"低势语"与普通话的区别等。这种不同层次的"高势语"和"低势语",很可能是当地某区域在汉满双语阶段向汉语单语阶段的过渡时期,在不同场合产生的语言变体。

(四)两类结构产生的机制

由于长期"大杂居,小聚居",域内满族聚居区的满族人祖先也同时使用汉语方言,当他们使用的满语与汉语方言发生接触时,方言会在满语的影响下具备双语的混合特点,但还是以汉语为主体。比如第一类借用满语语序、填充汉语词汇的现象。但这只是聚居区内满族人所说的汉语,不同于满语影响下聚居区汉族人所说的汉语。当这些持混合语的满族人继续与当地汉族人进行交流时,双方都进一步妥协、模仿,汉族人会将已具备双语特点的某些要素(如动宾变式结构 OV)引进到自己当地方言中,但毕竟仍与其他汉族人交流,这种妥协

① 在动宾变式结构的分析中,我们判定"满语的影响激活了汉语本身的一些隐性特征"的依据主要是频率和分布:方言点对这些结构的使用频率往往比普通话中所对应的主谓谓语句、受事主语句要高一些,在一些满族人聚居区尤是如此。

② 高势语指用于正式场合的语言变体,低势语指用于不那么正式场合的语言变体。李行健,仇志群:《双言现象与语言差异的层次性》,《读书》,2018 年第 10 期,第 41—49 页。

③ 一般用于轻松随意的语境,比如在与较为熟悉的人交流时使用,与陌生人会话很少使用。

就变成了调整，在日常会话中自然地形成了 OVO 这种中间状态的结构。满族人亦是如此，他们妥协的产物就是 VOV 结构①。所以这两种动宾交叉结构属于语言的一种过渡状态，是“语言转用（转用其他语言的语法规则）”和“语序重组（由于受到母语的干扰，中途放弃转用，使两种语法规则 / 语序相互掺杂）”两种机制共同作用的结果。而动宾交叉结构比动宾变式结构使用得少很多的原因，则是由于后者不需要妥协或调整，虽然表面上看是汉语完全转用满语的语法规则、变异程度较大，但实际上是满语的语法规则激活了汉语中本来就存在的、只是不处于优先地位的 OV 语序。

在语言接触的影响下，望奎方言中的一些动宾语序产生了变化，句法结构也变得更为丰富。随着接触的不断加深，这种状态不会立刻消失，动宾变式结构可能会一直处于与宾语前置结构混同的状态，而动宾交叉结构是会继续在小范围内使用、继续作为方言的底层而存在，还是最终消失，还要接受语言实践的检验。

四、小结

东北官话以幽燕话为基础方言。在历史发展过程中，东北地区的汉族曾与当地少数民族长期共同生活，由于沟通的需要，汉语对少数民族语言的借用是难以避免的。再加上近代以来俄、日等一些外来语的影响，使各语言成分间曾处于以汉语为主体的混合、交融状态。尽管有些语言成分今已处于汉语的底层，但还是可以从一些特殊的方言现象中追寻历史留下的遗迹。比如在望奎方言中，还存在一些俄语借词，如方言中的“葛兰[kɤ˨˦ lan·]”对应“к р а н”，表“水龙头、水闸”；方言中的“瓦斯[va˥ sɿ·]”对应“к в а с”，表“一种发酵的酒精饮料”；方言中的“味得罗[vei˥˩ tɤ· luo˥]”对应“в е д р о”，表“水桶”。也有一些日语借词，如方言中的“嘎斯[kʌ˥ sɿ·]”对应“ガス”，表“煤气”；方言中的“挖弄[va˥˩ luŋ·]”对应“わいろ”，表“贿赂、牟取”；方言中的“无可无可[u˥ kʰɤ˨˦]”对应“浮き浮き”，表“满意、兴奋、感谢”。这些借词都只是方言与各语言间的浅层次接触，而方言与满语间则属于深度融合。在现实中，望奎县域内有三个比较重要的满族聚居区，这使得方言在某种程度上受到了满语的影响，除了借词外，主要还体现在动宾变式结构、动宾交叉结构两类特殊结构上。但这只是在原有方言的基础上产生的量的变化，并不会改变方言的基本结构类型。而且我们应当认识到，由于交际场合的不同，二者处于方言交际的不同层次，前者处于与宾语前置结构的混同状态，可在正式的口语交际中使用。后者只在小范围内使用，沉淀在了方言的底层。

---

① 一些被调查的满族老人经历过“在 VO 后追加 V 形成 VOV 结构”的过渡时期。

第二章　特色句子

本章我们专门讨论望奎方言中的一些特色句子，其中包括以结构和功能为标准划分出来的“VV！”句和“VV？”句；以形式为标准划分出来的“管”字句、“他”字句，“我让你（给我）VP”句；以功能为标准划分出来的疑问句和以意义为标准划分出来的责训句。下面我们分6节具体探讨。

第一节　两种“VV”句

这里的V代表谓词性成分（即动词性或形容词性的词和短语）。“VV”句是望奎方言口语中一类使用频率极高的特殊句式，它通过动词性成分或形容词性成分重复出现的方式，表达了两种意义：一种是后带感叹号，构成表感叹语气的零标记紧缩句“VV！”，相当于“V就V！”，其中“就”被省略后成为隐性的关联标记，前后的V直接凝合在一起，如：“说就说！→说说！”“不来就不来！→不来不来！”“丑就丑！→丑丑！”，重音一般落在后面的V上，后面可加语气词“吧”“呗”等，加“吧”表“心中不情愿但勉强同意或接受”，例如：

（不想挨批评但还是挨了说）说说吧！

加“呗”表“不重视、不以为意”，例如：

（请他参加聚会但他不参加）不来不来呗！

另一种是后带问号，构成表疑问语气的“VV？”，相当于正反问句“V不V？”，虽然省略了“不”，但后面的“V”还是以肯定的形式表达否定的内容，这样一正一反的两个“V”之间保持“零距离”，如“去去？”“想想？”“美美？”，重音一般落在前面的V上，后面可加语气词“啊”及其变体等，如“问问啊？（问不问啊？）”。当V是双音节谓词或述补、述宾等结构时，前面的V一般只保留前一个音节，如“漂漂亮？”“打打扫？”“喜喜欢她？”。值得注意的是，我们谈的这种“VV？”句与前面的“VV！”句不同，在V是某些动词性成分时，有时“VV？”句在直观上和重音上都与VV式单音动词的重叠形式相同，如“想想？”作为正反问省略句和动词重叠句的重音都落在第一个音节上。当这两种句式在V是双音节形式或短语形式时还好区分，比如“打打扫？”与“打扫打扫？”。当V是那种无法进入VV式动词重叠句的单音动词时也不难辨认，如“去去？”“拿拿？”只能是我们说的正反问省略句。但当V是那种可以进入VV式动词重叠句的单音动词时，还需我们根据具体的语境来区分二者，例如：

（我想去北京玩，你）想（不）想？

（这道算术题很难，要不你）想想？

总之，上面提到的这两种意义的“VV”句口语性都很强，也都体现了语言使用的经济性原则。比起完整句式，虽然简略，但在意义上同样具有自足性。零标记紧缩句“VV！”内部含有比较明显的假设逻辑关系，关联词语“就”的有无便显得不那么重要。正反问省略句“VV？”属于语调型的正反问句，无须借助否定副词“不”就可表达相应的疑问语气。前者的两个V之间在语法上一般无任何搭配关系、互不作为彼此成分（下文会详细介绍），属于复句紧缩而来的句式。后者的两个V属于肯定否定的叠加，是“V不V？”的简略形式，类似于一个非主谓句。下面我们分别对这两种句式进行介绍。

一、VV！（V就V！）

“VV！”属于紧缩句，是以单句的外在形式表达复句的语义内容，它是经复句的完整形式“如果＋主语＋V，（那么＋）主语＋就＋V＋吧/呗！”先紧缩为“V就V！”，再经二次紧缩发展而来的。具体是“如果＋主语＋V，（那么＋）主语＋就＋V＋吧/呗！”先“紧”去“如果……那么”之间的语音停顿，“缩”去成对的关联词语和相同的两个主语，成为“V就V（吧/呗）！”，然后在不影响其整体性质和功能的前提下再次压缩“就”而来。因此，“VV！”属于分句主语都相同的复句紧缩而来的句式，一般的谓词（无论是单音节还是双音节）都可进入这种结构。加“吧”时，V一般是语境上表示负面意义的谓词，如不能说“干净（就）干净吧！”，而加“呗”就没有意义上的限制。与其他的同类紧缩句不同的是，“VV！”与构成材料相似的连谓句非常容易区分。一般的连谓句的省略式，如“（没有豆油了，）去（商店）买！”中的“去买！”，在句型上是单句，和“去去！”这类形似单句的紧缩句在形式上类似，二者的构成材料都是接连出现的两个谓词性成分，中间都没有任何语音停顿，它们都类似于非主谓句，所以二者比较容易混淆。但由于“VV！”句中的两个谓词性词语是相同的，且是由复句紧缩而来的句式，就不再适合看作连谓句。

（一）“VV！”句的特点分析

1. 结构形式

如前所述，“VV！”紧缩句通常由复句发展得来，但其连用的两个V之间没有语音停顿，类似于连谓句，这点与复句不同。虽不含关联词语，但表达的内容有分句间明显的逻辑关系，这点又与单句不同。“VV！”句属于共主语的紧缩关系类型，即两个V的主语是相同的。如“去去！”可相当于“如果**你**去，（那么）**你**就去吧！”，但由于语言的经济性及突出重点的表达需要，两套主谓短语中被陈述的相同主语“你”都不出现，只出现陈述这一主语的紧缩性谓词性结构，构成了类似于连谓句的一类句式。所以说，是两套主谓结构省略了两个相同的主语，而不是其内部的每个V都在和同一主语发生主谓关系。

此外，前面提过，这两套谓词性结构中的参构要素V代表谓词性成分，既包括谓词也包括谓词性短语。所以，V在类型上可以是如上面所讲的光杆谓词（如“去去！”“埋汰埋汰！”），也可以是动宾结构（如“看书看书！”）、动补结构（如“跑慢跑慢！”）、动词性状中结构

（如“公开道歉公开道歉！”）或形容词性状中结构（如“贼懒贼懒！”）、某些连动结构（如“回来做饭回来做饭！”）、个别兼语结构（如“让他来让他来！有啥了不起的。”）、主谓结构（如“他去他去吧！”“你明白你明白呗！”）、一些动词性联合短语（如“关心帮助关心帮助呗！”）和形容词性联合短语（如“奸懒馋滑奸懒馋滑吧！”）等。

2. 组合类型

“VV！”紧缩句内部两个V间的组合类型可以是“动词性成分＋动词性成分”型，如“吃吃！”就是由“如果你吃，（那么）你就吃。”两套结构紧缩而成的动词性成分组成的；也可以是“形容词性成分＋形容词性成分”型，如“埋汰埋汰！”就是由“如果孩子埋汰，（那么）孩子就埋汰吧！”两套结构紧缩而成的形容词性成分组成的；但不可以是“动词性成分”与“形容词性成分”组合成的类型，如动形兼类词组成的形式“明白明白！”。

3. 逻辑类型

“VV！”紧缩句内部连用的两V间的逻辑关系与源句式两V间“如果……就”的逻辑关系相同，即前后V间含假设或条件的逻辑关系，前V提出某种假设，后V表假设结果成立后的无奈接受或不以为意，例如：

吃吃！→如果你想吃，那么你就吃吧！

4. 扩展句式

这里的扩展句式并不是指“VV！”紧缩句的原完整的复句形式，而是指以紧缩后的“VV！”句中的“VV”为基点，构成的各种扩展形式。

以“VV”为谓语的情况最多，例如：

你哭哭！我不哄你。[①]

此时“VV”是用来陈述主语“你”的。

以“VV”为宾语的情况例如：

我觉着丑丑！人好就行。

通常表达一种态度或看法。

以“VV”为主语的情况很少，主要出现在判断句中，如：

饮食得节制啊，胖胖是绝对不行的。

以“VV”为定语的情况也不多，如：

屋子不打算收拾了？看你那埋汰埋汰的样儿。

以“VV”为状语修饰谓词性成分或为补语补充说明谓词性成分的情况几乎没有。

（二）“VV！”“V就V！”的紧缩规律

如前所述，当“V就V！”省略了其中的关联副词“就”，就变为“VV！”这样相同谓词性

① “你哭哭！”与“你哭你哭（吧）！”不同，前者的V是“哭”，“你”是扩展成分，后者的V是主谓结构“你哭”。

成分前后连续出现的句式，此时的“就”是潜在的，可随时补出，它的省略可使两V之间的距离被缩短。对于紧缩的最终句式“VV！”来说，“V就V！”是它的前基式。但对于最初的完整形式来说，二者都是后生成的紧缩句，它们的缩省都要遵循共同的规律，也会包含一些不同之处，下面我们具体分析。

1. 形式上的对称

陈颖（2005）指出，紧缩句要在形式上对称才得以成句。基础形式“如果＋主语＋V，（那么＋）主语＋就＋V＋吧/呗！”是一个对称的整句：首先是关联词语“如果……就”是前后对称的，其次是前后两分句在形式上也是对称的。而紧缩后的“V就V！”满足了中轴对称[①]，即句中只出现了单独的关联副词“就”，并未出现成对的关联词语“如果……就”，但“就”正好处在了中轴的位置上，V和V以相互呼应的方式分别位于“就”的两边，在形式上得以对称。值得注意的是，后面的关联词语“就”只要单独出现，分布在其两边的分句就能使整句保持中轴对称。但若出现的是前面的关联词语“如果”，分句都只分布在它的一边，为了保持对称，“如果”决不能单独出现，后面的“就”必须保留，如不能说成“如果去，去！”，可以说成“如果去，（那么）就去！”，这样就满足了呼应对称。“VV！”句也满足呼应对称，虽然句中没有出现任何一个关联词语，但一紧缩分句却有另一同类紧缩分句与之呼应、成对地出现，这样在形式上也满足对称。由于分句间已满足对称的形式，“就”对于成句与否便无关紧要了。

2. 语义上的重心和顺逆

（1）语义重心：“如果＋主语＋V，（那么＋）主语＋就＋V＋吧/呗！”属于偏正关系复句，其语义的焦点落在了后面的正句上。作为偏正紧缩句，“V就V！”的语义焦点也在后面的V上。“就”的存在使前后V间的距离不那么靠近，使其不是动作前后相承的模式，这样前V成为后V实现的前提假设，二者间存在明显的假设关系。而如果后V的意义本身就在可估测的范围内，前后V语义一脉相承，就不需要“就”来作为顺承标记，省略关联副词“就”对语义的理解无任何影响，“VV！”就产生了，前后V间的距离自然也被缩短了，但重心在后却没有任何改变。若相反，由于强调的原因把焦点落在前一个V上，整句变为正偏结构，这种“就”就不能省略，如“**吃**就吃饱！”，强调前面“吃”的假设义，就不能省略“就”而说成是“吃吃饱！”。

（2）语义顺逆：无论是基础式，还是两种紧缩式，都属于顺接句而不是逆接句。是前V的假设使后V得以发生，两个V在语境中并不矛盾对立，在逻辑和常理上一致性较强。而“就”是表前后两套动作行为顺承关系的关联词语，含有顺接的关系意义，在顺接句中作为标记并不十分突出，自然可以被省略。

3. 语音上重音的分配

正是由于“VV！”句的重音在后，才得以与重心在前的VV式的单音动词重叠句区分开。如果由于强调或其他语用原因把重音平均分配到两个VV上，如“**吃**就**吃**好的！”，前一个“吃”是后面“吃”得以发生的前提和假设，两个“吃”都重读，此时就不能省略“就”。一旦省略了“就”，两个相同的“吃”之间就可能多了一层可能的关系：动词的重叠形式，“**吃吃**好

---

① 陈颖：《紧缩句的有标关联和无标关联》，硕士学位论文，华中科技大学，2005年。

的！”就可能变成对自己或对方的某种期望。只有重音落在后V上，“就”省略后才不会影响这个假设关系句的句意，可见韵律对能否省略“就”具有重要的作用。

4. 语用上话题的编排

在紧缩句“VV！”与“V就V！”中，前后两V所处的句法地位和语法功能是不能等同的。由于偏正的关系，前V是后V实现的前提假设，后V才是句中核心的谓词性成分。在方言口语中，前V通常是作为述说后面V的出发点和交谈的起点存在的，更容易话题化，它提供的是已知信息、背景信息，通常是定指的部分，包含一定的语用动机。如“吃吃吧！”，前面的“吃”作为述说的起点，在某种程度上谓词性变弱，语义虚化，其位置和作用更像是一个名词性成分。而后面的“吃”谓词性依然很强，并没有由具体的动作行为转为抽象的动作行为，而是作为核心的谓词性成分对前面的“吃”进行陈述。整个句子在形式上满足了“话题‘吃’—述题‘吃’”的信息编排原则。需要说明的是，即使前V是动补短语、动宾短语或状中短语，这种谓词性的短语在整体上依然是话题成分，如在“（不吃馒头，）**吃饭**吃饭吧！”中，前面的动宾结构“吃饭”在整体上依然作为一个话题而存在，后面的动宾短语“吃饭”对其进行陈述。

二、VV？（V不V？）

正反问的基本格式是“V不V？[①]”，其疑问点是肯定形式与否定形式的叠加，当省去中间的否定副词“不”，说成“VV？”时，就变为两种肯定形式的叠加，只能借助于语调来表达疑问了，即变为语调型的正反问。这种正反问也是望奎方言中一种常见而又较有特点的句式。对于光杆谓词来说，上文提到的“VV！”句，一般单、双音节谓词都可以进入这个句式，而对于现在讨论的“VV？”句，却只有那些能进入正反问格式的谓词才可以进入，主要是一些自主动词或形容词。当V为双音节谓词时，“VV！”句中的V一般是完整形式，如“溜达（就）溜达！”“埋汰（就）埋汰！”等。但对于“VV？”句，当V是双音谓词时，前V一般只保留前一个音节，如“打打扫？”“漂漂亮？”，前者与表短时或尝试态的动词重叠句“打扫打扫？”在形式和意义上都不同，比较容易区分。后者若换成“漂亮漂亮”就不通。对于有些单音节动词构成的如“想想？”，前文已提到，因为重音落在第一个音节上，不好区分是动词重叠句还是正反问的省略句，只能依赖于语境。需要说明的是，当V是单音节谓词时，“VV？”句在形式上与前面的“VV！”句相同，叠加的是整个谓词部分（如“去去？美美？”）。但当V是双音节或多音节谓词、谓词性短语时，大多数情况下“VV？”句在形式上会省略其变体“vbvb？”为“vvb？”式（v代表V的首音节，b代表首音节以外的剩余部分）[②]，如“漂漂亮？”“去去上海？”等，只是两个V的首音节叠加起来。但还有一些其他情况，下文我们会具体分析。

---

① 另一种正反问形式“V没V？”没有这种省略形式，故不在本书讨论范围内。

② “vvb？”句是“VV？”句的省略式，虽然更常用，但为了方便与“VV！”句进行对比，在大方向上我们仍用“VV？”式来表示。

（一）结构形式

黄伯荣等（2011）指出，正反问是由单句谓语中的肯定形式和否定形式并列的格式构成的[①]。可见，“VV?”句的完整形式“V不V?”原属于单句中的谓词部分，现在独立成句。与前面由复句而来的紧缩句“VV!”不同，“VV?”属于单句“V不V?”的省略式。在形式上是两个肯定形式的叠加（或两个肯定形式的首音节的叠加），连用的两V之间也没有语音停顿，类似于连谓句，且谓语V之间有明显的选择关系。“VV?”是一个非主谓句，每个V都与同一个隐含的主语发生主谓关系。作为结构要素的V，除了是前面所说的单、双音节谓词，还可以是动宾结构，如当V为“学习知识”时，“VV?”就表达为“学学习知识?”的vvb式。V也可以是动补结构，如当V为“去一回”“起来一下”时，“VV?”就表达为“去去一回?”“起起来一下?”等vvb式。但V不可以是所有的状中结构，一些程度副词作状语来修饰谓词，如动词性状中短语“特别害怕”、形容词性状中短语“十分喜庆”，只能重复状语的第一个音节而不是谓词的第一个音节，应说成“特特别害怕?”“十十分喜庆?”等形式。而有些则不是这样的情况，如“早上出发”是可以重复动词的第一音节的，说成“早上出出发?”等形式。此外，V还可以是连动结构，如“下楼卖菜”，“VV?”就表达为“下下楼卖菜?”的vvb式。V是兼语结构时，如“让他去”，“VV?”就表达为“让让他去?”的vvb式。V是谓词性联合结构时，如“坑蒙拐骗”“幸福快乐”，“VV?”就表达为“坑坑蒙拐骗?”“幸幸福快乐?”等vvb式，都是重复第一个音节的形式。

（二）组合类型

与上文的“VV!”句一样，“VV?”单句内部连续出现的两V间的组合类型可以是“动词性成分+动词性成分”，如“吃吃?”“去去打球?”，也可以是“形容词性成分+形容词性成分”，如“漂漂亮?”“曾经艰艰苦?”。总之，两个V都是同类的成分。

（三）语义关系

“VV?”句的两个V之间所表达的是选择型的语义关系，要求听话人在前V和后V所表达的两种情形中选择其中的一种，例如：

吃吃？→ 吃不吃？（在“吃”与“不吃”之间二选一）

（四）扩展句式

以“VV?”句中的“VV”为基点和以“VV!”句中的“VV”为基点，扩展出的句式是不同的，下面我们具体分析。

1. 以“VV”为谓语

这种情况最为多见，因为作为“VV?”句构成要素的形容词性成分、动词性成分的主要功能就是充当谓语。当V是一些光杆儿动词或形容词的情况如：

今天孩子高考，你紧紧张？

今儿个天气热热？

---

① 黄伯荣，廖序东：《现代汉语（增订本）》下册，北京：高等教育出版社，2011年6月，第102页。

这老大风，你跑跑步？

当 V 是一些动宾结构、动补结构时，以“VV”为谓语的情况如：

你说说我了？
今天你上上班？
你长跑撵撵得上她？

当 V 是一些形补结构时，以“VV”为谓语的情况如：

听到有人这么说她，她气气坏了？

我们知道，东北方言很多都来源于山东方言，但由于语言发展的不平衡性，在表达同一内容时，形式上有时会有差别，下面情况就是如此。许卫东（2005）指出，在山东招远方言中，一部分多音节名词和一些定中偏正结构，可以在谓语部分形成正反问①，例如：

明天礼礼拜天？
他啃啃老族了？
他小小脸儿？
工作时间八八小时？

但在望奎方言中，往往“是是”才是这类正反问的参构要素，上面的结构通常说成：

明天是是礼拜天？
他是是啃老族了？
他是是小脸儿？
工作时间是是八小时？

这有点儿类似于普通话，只不过普通话要说成“是不是”结构，把上面四个句子说成：

明天是不是礼拜天？
他是不是啃老族了？
他是不是小脸儿？
工作时间是不是八小时？

可见，在这种情况下，山东招远方言把疑问焦点（名词性谓语）当成了最直接的发问对象，表达效果简单直接。而望奎方言在 V 的无间隔重复方面（“是是”）类似于招远话，但还保留着普通话的大体格式。作为多处移民城市，其方言也具有混合性质。对于望奎方言来说，冀鲁官话、胶辽官话、中原官话等方言的接触，各个时期不同方言间的更替，都会对其产生一定的影响。

此外，还有一些如“是”“行”“成”“好”等谓词，经常在一句话说完后追加表示正反问，一般是表询问或征求对方的意见，例如：

你不好意思开口，是是？

① 许卫东：《山东招远话中的 AA 式和 AAB 式正反问句》，《中国语文》，2005 年第 5 期，第 474—476 页。

这块糖给我得了，行行？
我们去吃烧烤，好好？
你就看我这一回舞台表演，可可以？

2. 以“VV”为状语

以“VV”为状语，主要是针对V是一些能愿动词或某些形容词时的情况，例如：

快快点儿完成任务？（形容词）
这些话方方便说？（形容词）
这件事你认认真对待？（形容词）
能能多冲我笑笑？（能愿动词）
你敢敢顶撞老板？（能愿动词）
你现在希希望留下来？（能愿动词）

3. 以“VV”为补语

在“VV？”句中，当V是述补结构时，如果进行正反问，有些重复的可以是述语部分，也可以是补语部分。如：当V是“（角色）演得好”“（米饭）打扫得精光”时，其正反问一般可以说成“（角色）演演得好？”“米饭打打扫得精光？”，重复了述语。也可以说成“（角色）演得好好？”“米饭打扫得精精光？”，重复了补语，这一重复的补语“好好”“精精光”就是我们所说的以“VV”为补语的情况。而有些述补结构则不是这样，只能重复补语部分，不能重复述语部分，如：当V是“（他）跑得慢”时，只能是“他跑得慢慢？”，不能说“他跑跑得慢？”。

上述“VV！”和“VV？”两种句式，都是以最精炼的形式表达丰富的语义内容。在望奎方言中，小小的“VV！”句和“VV？”句就能够成为两类信息表达的载体，这正是方言口语表达能力强的具体体现。

三、小结

在望奎方言中，普遍存在着两种“VV”句：一种是隐含了假设关系的紧缩句“VV！”，一种是隐含了否定副词的正反问省略句“VV？”。

两种句式在口语中比较容易区分，首先是重音的不同，“VV！”句重音在后，“VV？”句重音在前。要注意的是，“VV？”句与同样重音在前的某些单音节动词重叠句的区分，一定要结合具体的语境。其次是语调的不同，前者表感叹的语气，后者表疑问的语气。最后是表达意义的不同，“VV！”句表达了一种不情愿或不在意的情感态度，而“VV？”句表达的则是让对方二选一的询问。

在具体的研究中，除了组合类型相同外，我们发现，二者还有诸多区别。首先，“VV！”属于紧缩句，隐含两个相同的主语，也有其特有的紧缩规律。而“VV？”则属于正反问单句的省略式，每一谓词都与同一主语发生联系。对于二者的内部构成要素V，除了光杆儿谓词外，前者还可以是动宾结构、动补结构、状中结构、一些连动结构、兼语结构、主谓结构和谓词性的联合结构等，而后者除了与前者相同的动宾结构、动补结构、连动结构、兼语结构和谓词性的联合结构外，不能是主谓结构，也并不是所有的状中结构都可以。其次是二者V与V

间的逻辑或语义关系不同，前者是假设关系，后者则是选择关系。最后是由两种句式构成的扩展句式不同，除了充当谓语成分外，“VV!”中的“VV”还可以充当主语、宾语和定语，但无法充当状语和补语，而“VV?”中的“VV”则只能充当状语和补语。

第二节　“管”字句

在望奎方言中，“管”作为语素或词共有名、量、动、副、介、连六种语法属性。除量词的语法属性外，“管”作为或构成其他五类词所具有的词汇意义或语法意义也非常丰富。比如“管”作为名语素可构成管状的乐器名（竹膜管、双管）、器物工具名（晶体管、试管、滴管）、人体器官名（气管、支气管）等，这点与普通话相同。在儿化或加“子”缀后所构成的名词，一般表“条形或圆柱形中空的一类东西”，方言中还可与其他语素继续构成一些词或语，“拉蹄管儿”指脚脖后面的筋（他一刀砍在了羊的拉蹄管儿上），“鹅翎管儿”指大鹅长翎的根部（这是小家伙用鹅翎管儿做的毽子），“毛管儿”指动物的毛（这牛犊子肥的毛管儿都发亮），“气管子”指气筒（把气管子替爸拿来），“肺管子”是以肺部重要的管状部位引申特指“人的要害”（说两句就冲他肺管子了），“分管儿”指弄明白排行辈分（他这人说话总差着辈分，不分管儿）。作为量词，“管”用于称量具体的“细长的圆柱形东西”，与数词、指示代词构成量词短语，如“一管（钢笔）、几管（鞋油）、那管（烟）”等，有时也能称量抽象事物，如“（电棒$_{手电筒}$的）一管光”，还可重叠使用，如“一管管笛子，奏出美妙动听的旋律”。“管”作量词，不同于“杆、根”，因为它具有“中空”的语义特征，也不同于“筒”，因为它具有“细条形”的语义特征。“管”还可作为动语素$_{管理、保证义}$构成名词和形容词，如“现管儿”，指仅在当时、当地管事的人员（县官不如现管儿），“照管儿的”指帮助照看的人（家里大事保姆做不了主，她只是个照管儿的），“管乎”指“管用、起作用”（别说，你这药方还真挺管乎）。

“管”在作动词、副词、介词和连词时，除单独使用外，还可成为这四类“管”类词的根词，是这些“管”类词语法功能的主要承担者，比如动词“包管”、情态副词“情管”、条件连词“哪管”“管咋的”。所以，无论是含有词“管”，还是含各类构词语素“管”的句子，只要含“管”各类家族词的句子，我们统称为“管”字句。比如“管咋的”句，就属于含“管咋的”的“管”字句。

普通话中并没有针对各类“管”字句进行的全面研究，一些探讨通常只限于表否定义的连词“管”字句，但前人的研究给我们提供了一定的参考。而且在望奎的方言口语中，还有一些“管”字句较为特殊和常用，比如“情管”句式、“管说（不同于“管咋说”）”句式及“管多咱”句式，这些句式都有着自己的特点。再如，同是“你管管你自己”句，在普通话只有一种解释：“管”以动词重叠的形式出现。但在望奎方言中，句意的理解就要结合具体语境，否则会产生歧义，第一个“管”还可能是副词，表“只、仅”，第二个“管”作动词使用，该句表达“你只顾着自己”的意义。概括说来，各类“管”字句中一般都有基本句式，比如对象介词“管”组成的“NP1 管 NP2 要 NP3”句，就是基本句式。而“NP1 管 NP2 蹭 NP3”“NP1 管 NP2 卡咔搜刮 NP3”“NP1 管 NP2 抠咔索要 NP3” 则属于非典型句式。下面我们分门别类地讨论这些句式。

一、“管”作动词语素构成的“管”字句

“管”最初为“乐器名”，在隐喻的机制下，其语义演变为形状相似的“钥匙”，而“负责、管理”的动词义就取自名词“钥匙”义，因为“持有钥匙”就意味着“负责、管理”某人或某项事务，“管” 作为动词的其他义项也都是围绕这个动词义产生的，或是引申义，或是具体的语境义。虽都为动词“管”的不同义项①，但它们与名词搭配的具体情况又有所不同，这样就组成了不同的句式。

（一）保证、包管

该义项的“管”后面的宾语通常是谓词性成分，所以只与前面的名词性成分产生语义关系，属于一价动词，组成“NP+ 管 +VP（动词或形容词性成分）”句式，“保证、包管”意味着承诺，所以该句式又叫“管”字承诺句。比如方言中常用的“NP+ 管够”“NP+ 管退”“瓜类名词 + 管叫$_{\text{切开}}$”“瓜类名词 + 管打来回$_{\text{可换}}$”，例如：

情管吃，今天的饭管够。

这中药要是不好使，咱管退。

咱这西瓜管叫$_{\text{切开}}$，我当你面把它打开，好的咱再卖。

买吧，这甜香瓜管打来回。

此外，该句式还可引申为“管”字连谓句“NP+ 管 +VP_1+ 管 +VP_2”，比如“NP+ 管吃管饱$_{\text{供足食物}}$/ 管吃管添$_{\text{供足最基本的东西和额外的东西}}$”“NP+ 管成不管破儿$_{\text{帮助别人后，好结果可归功，坏结果不可归咎}}$” 等，例如：

铆劲儿吃，粗茶淡饭管吃管饱。

你结婚，爸妈只管房子，其他装修你自己看着办，我们老了，管吃不管添。

帮你，我管成不管破儿，出了问题别埋怨咱。

这类句子在表明说话者为听话人提供一种“保证”的同时，也表明了自身的主观态度和“负责”的情态。

（二）处理

该义项的“管”是二价动词，组成的句式是“NP+ 管一下（+ 事务）”，如“你去管一下财务的报表”，其中的施事者 NP 具有某种权限和控制力，后面的宾语通常是待办的复杂事务，而不会是指人名词；NP 对后面的事务加以处置。

（三）管理

该义项的“管”是三价动词，可以组成双宾语句“NP1+ 管 +NP2+NP3”，其中近宾语 NP2

① 有些分列两项，是偏重于突出小类意义的独立地位，无损于语义的完整性。

指人，远宾语 NP3 指事物，如：

老村长管村民经济。

还可组成“NP1+ 把 +NP2+ 管得 + 补语”“NP1+ 用 + NP2 + 管 + NP3（受事）”“NP1+ 用 + NP2 + 管好 + NP3”等句式，如：

他媳妇儿把他管得溜溜儿的。
你用钢铁纪律管全家，结果咋样呢？
这女演员能用悟性管好表情，不简单啊。

这几个 NP1 都具有某种权力或控制力。

（四）看管、保管、负责

该义项的“管”在普通话中通常组成施事主语句，如说成：

澡堂子几乎不管（看管）大家衣物。

而在方言中一般为受事主语句，“NP1+ 归 / 由 / 是 + NP2+ 管”“NP1 + NP2 + 管”，如：

这手机先归妈管，等你考上学再给你。

其中 NP1 为受事，多指某项事物或一些具体的活动，具有非自主性。NP2 为施事，也同样具有某种权力或控制力。

（五）供应、给予

该义项的“管”是三价动词，通常组成双宾句“NP1+ 管 + NP2+ NP3”句式，施事者 NP1 是人，NP2 是间接宾语，通常也是人，直接宾语 NP3 是某事或某物，指 NP1 给予 NP2 的某种帮助或为 NP2 提供的某种条件，如：

他家每天管保姆三顿饭。

这里的“管”已不含“管理”的语义特征，已引申为含“给予、供给”语义的成分了。

（六）掌管、管辖

该义项的“管”强调的是管理范畴、时间范围或辖域等，通常组成句式“NP1+ 管 + 数量短语（表时间）”“NP1+ 管得（不）着 / 管得（不）了 +NP2”等，如：

一服中药就能管上一个月。
去找大夫吧，他管不了这病。

（七）约束

该义项的“管”一般指通过一些强制措施去制约、管束他人，含“管教、教训”的意思，通常组成句式“NP1+ 再不管 +NP2，就 VP 了”，如：

你再不管孩子，就惹大祸了。

施事者 NP1 具有一定的权力或控制力，受事者 NP2 作为“管教”的对象，通常指犯错误的某人或不合纪律、规章制度的团体等。该义项还经常重叠使用，重叠后只能接不合规矩或消极的受事者，可以是人、物或事，一般组成句子“NP1+ 副词 + 管管 +NP2”，“管管”前的状语通常是“多、好好、快、一定”等副词，可以体现说话者坚决或急切的语气，强调了说话者的态度，对语境中的情态也是一种强化。如：

执法部门快管管黑心棉厂家吧，太过分了。

其中的“管管”比起“管”来就强调了采取措施的必要性和迫切性，表达了一种强令控制的愤怒语气。

（八）干涉

该义项的“管”通常指干涉了一些本不该管的闲事，与“管辖”的义项不同，“管辖”强调的是掌管的时间、地点及内容都在范围内，而该义项重点强调的是对范围外的干涉。由于经常用于劝告、讽刺对方，所以常含有否定语气，表“管不着”，常组成反问句式“NP1+ 管 +NP2+NP3+ 呢 / 干啥？”，如：

你管人家多少家产干啥？又不给你花。
我也犯不着管你们破事儿。

（九）关注（关心、照顾）

该义项的“管”含“在乎、理会、顾及”义，通常组成两种句式：

1.NP1+ 管 +NP2

NP2 指亲友或弱势群体，一般用于否定句，表“漠视”，如：

妈妈出差了，爸爸又不在，没人管这孩子了。

2.NP1+ 副词 + 不管 +NP2+VP

副词一般是“根本、才”，后接“管”的否定形式，VP 一般是正反形式或疑问形式，正反形式可以是动词、形容词或名词与相应否定形式并列，如：

他才不管你睡不睡。
他才不管你优秀不优秀。
他才不管你老板不老板。

也可以是与反义词并列，如：

他根本不管你死活。

连词“管 / 不管”就是从该义项发展过来的，但连词组成的句子不能用副词修饰，也不能出现 NP1。

（十）关系、牵涉

这种义项的“管”相当于“关”，表一种关涉，可组成双宾语句“NP1+ 管 +NP2+ 啥事儿”，其中 NP1 可以指人、事情、动作行为或性质状态等，比较宽泛，但都名词化了，NP2 一般指人，“啥”表否定意义，如：

她那么走路管你啥事儿。

另外，“管”还可作为语素构成动词“管保”，指“肯定、保证”，表一种推断。前文提到过，对某事物“负责”，就意味着提供一种“保障”，即没有失误地、准确地估测出事实情况或使事实得以发生或实现。这样引申出的“准定、保证”义，可组成以下几类句式。

1. 管保 +NP+VP/AP

该句式“管保”位于句首主语前，谓语部分是动词性成分或形容词性成分，如：

她咋还磨磨蹭蹭？管保她正化妆呢。
管保这场比赛咱们赢。
管保生意红红火火。

2.（NP+）管保 +VP/AP

该句式“管保”位于句首主语后，其他与上面的句式相同，如：

学会了一技之长，你管保日子好过。
这皮包，你管保会稀罕。

此外，“管保”后还可以是有字短语、兼语短语、判断句等，如：

她管保有 30 了。
我们管保让您放心。
咱姐俩儿管保是有一说一的。

3.（NP+）管保 +S

该句式的“管保”后接一个小句的形式，如：

学会了一技之长，（我）管保你日子好过。
（我）管保超市不能赊你账。

4.（NP+）管保 + 紧缩复句

如：

我管保你说出来心里好受。（“管保”后是假设复句“**如果你**说出来，**那么你**心里好受”的紧缩形式）

我管保他一听就发懵。（“管保”后是条件复句“**只要**他一听，**他**就发懵”的紧缩形式）

二、“管”作副词语素构成的“管”字句

在望奎方言中，“管”能作范围副词使用，表“只、仅”；还能构成情态副词，如“情管”，它是以“管”为核心义素，表一种保证、推断。对于情态副词的来源，李小军、徐静（2017）指出，其“保证”义来源于动词义“负责”，“负责”后面一般是名词性或动词性成分，当其后面是一个小句且表达的是未然事件时，“负责”就衍生出“保证”的语境义，“负责”意味着“保证某动作的顺利进行”。而原核心动词“管”在小句中核心动词的影响下不断虚化，句法地位下降，最终理解为表修饰限制的“一定、肯定”①。对于“管”范围副词用法的来源，我们认为是普通话中限定范围副词“光”在方言中的语音变体，方言中有时前后鼻音尾韵母是不分的，外加还存在很多声调变调（尤其是其他声调上声化）的情况，这种来源于变音的情况就不难理解了。

（一）情态副词“情管”

指“只管、不用考虑其他”，也暗含了一种保证，在这个前提下，只管放宽心去做某事，主观态度比“管保”更强烈。如果说“管保”强调的是说话者对人、事物的一种保证和推测，那么“情管”强调的则是在说话者的保证下，对方应该具有的行为倾向或主观态度，所以多构成“我管保……”“你情管……”。此外，“情管”一般用于未发生的事件中，而“管保”有时也用于已发生的事件中，如上文的“她管保有30了”。在语用上，“情管”除了鼓励对方去做某事外，还可用于劝诫对方不要做某事，也就是“只管、不用考虑其他”义表达的是反语，由于对方的言行是某种不良、不规范的动作行为，说话人对对方表面持纵容态度，放任其所作所为，但后续句一般会追加某种后果以示警告，实际表达的是禁止义。而在表鼓励对方从事某事时的后续句，通常只是对前句语义的一种补充而不是必要性的追加，补充的内容主要是这样做所依凭的理由（客观事实或道理、承诺等）。试比较：

你情管吃吧，吃胖了嫁不出去。（劝诫，警告）
你情管吃吧，吃胖点儿身体壮。（鼓励，客观事实）

“情管”通常组成以下几个句式：

（1）（人称代词+）情管 $+VP_{积极或中性}$，后续句。

（2）（人称代词+）情管 $+VP_{消极}$，后续句。

这两式表达对对方的鼓励或劝诫，人称代词一般是“你”，特殊情况下也可以是其他人称代词，“情管”一般不置于人称代词前。（1）中VP是积极或中性的，后续句是描写客观事实、给出承诺或摆出道理。（2）中VP是消极的，后续句是一种警告的成分。

VP可以是单纯动词、动宾短语、动补短语、兼语句、“把”字句等，如：

你情管吃，这还有。
你情管问我，我都听明白了。

---

① 李小军，徐静：《“管”的语义演变及“不管”“尽管”的词汇化》，《江西师范大学学报（哲学社会科学版）》，2017年第6期，第110—116页。

你情管学坏，看谁遭罪。
你情管教孩子学坏，以后有你受的。
你情管把屋子翻新，装修费我付。

（3）情管 +S，后续句。

该句式“情管”修饰一个句子，置于句首，S 的主语是名词性成分，后续句补充现实情况，如：

情管爸爸去北京，我们没人管。
情管你当老好人儿，坏人我来做。

（二）限定范围副词“管”

即普通话中范围副词“光”在方言中的语音变体，相当于“只、仅、就”。组成的句式有：

（1）（话题 +）管 +NP+VP，句中的话题成分可出现也可不出现，“管”位于句首主语前，一般表“就”，主语 NP 可由代词、名词或其他名词性短语充当，后面的 VP 主要是动宾短语或动补短语，也可以是其他一些谓词性成分，例如：

管他把钱还给我了。
这老些苹果，管我一人能吃完吗？
这么难的题，管我一个人应付不来。
咱这一屋人，管你事儿多。

（2）NP+ 管（+ 能愿动词）+VP，这种句式一般没有话题成分，主语 NP 通常是名词性成分，“管”位于主语后，一般表“只、仅”，VP 结构一般是动宾短语或谓词性的并列结构，有时 VP 前有能愿动词，如：

我管看了几行。
我管会说相声，不会说评书。
那玩意儿不能两颗，糊秧子就完了，不长，管长叶子，不长豆角，到后尾儿都烂了。

三、“管”作介词语素构成的“管”字句

“管”的介词用法方言中有两个，一个是处置介词，相当于“把”；一个是对象介词，表“向”。单雪琳（2018）[①] 指出，处置介词“管”最早出现在《红楼梦》的连动结构“管着 A 叫 B”格式中，“管着”的主要功能是引进受事，表对受事的处置或影响，作为动词有虚化为介词的可能性。随着使用频率的增多，最终由表“管理、掌控”义的动词在相应句位上重新分析为处置介词。而对象介词“管”则是来源于表“关涉、牵连”义的动词“管”，“牵涉、关联”是一方针对另一方的，很容易虚化为表“向”的对象介词，二者都表行为关涉的对象。

① 单雪琳：《介词“管”的产生及其发展》，《忻州师范学院学报》，2018 年第 1 期，第 39—41 页。

（一）对象介词“管”

“管”表动作行为关涉的对象，意思是“向、冲”，组成基本句式“NP1 管 NP2 要 NP3”，其中 NP2 是“要”的针对者，可以是指人名词或代词，一般是利益的受损者，不能省略。NP1、NP3 一般都是名词，前者指人，后者指事物。方言中可把“要”换成“拿”“借”“蹭”“顺要”“抢”“劫”“问”“卡哧搜刮”“抠哧索要”等，其中的“抢”“劫”是“要”的戏谑说法，例如：

他管同桌抠哧几块橡皮。
我管哥们儿那抢个烤红薯。

这些表“要”的动词必须是表“索取”的自主动词，而且一般都是 NP2 明显知道的，甚至是允许的，所以“偷”就无法进入这个句式。句中的“管”还可用动词“找”来替代，句子变为连动句“NP1 找 NP2 要 NP3”。

（二）处置介词“管[kuaŋ˧˥]”

“管”表处置义“把”，常组成句式“NP1+ 管 +NP2+ 叫 / 叫作 +NP3”，其中 NP1 是“叫 / 叫作”的施事者，一般指人。NP2 指人、事或物，作为被称谓者与“管”构成介宾短语。可以是代词，回指语境中出现过的特定对象，如：

这老太太，我们都管她叫“老佛爷”。

如果这个代词是近指代词“这”或第三人称代词“他”，方言中可省略，如：

我们管（这）叫“牵着不走、打着倒退”。

也可以是名词性成分，表特定对象的如：

我们班管每周这堂课叫开放课。
这边管年纪大还不懂事的人叫“白挠毛”。
望奎人管喂马的桶叫“咮得罗”。

表人们风土习惯的如：

东北人管小年前后祭灶神的糖叫大块糖。

NP3 通常指事物的名称或对人的称呼、称谓，可以指 NP1 对某事物现象通称的特殊命名或新的命名，如：

他稀罕小小子（男孩），所以管姑娘也叫儿子。
东北这边管说脏话叫赖大彪、管撒谎叫扒瞎，管有个性叫隔路。

也可指对事件或观念的解释，如：

我们这儿管三十儿晚上孩子站在门槛上的活动叫拔高，以后能长大个儿。

“叫”通常与“管”连用，而“叫作”通常与“把”连用。当“叫作”与“管”连用时，一般针对的是事物而不是人，尤其是一些科学术语和行业概念，与口语性极强的“管”连用时，说明它们的使用也偏向普及化了。

四、“管”作连词语素构成的“管”字句

（一）条件连词“管”

在望奎方言中，条件连词“管”及以“管”为核心义素的“管多咱”“管咋的/管咋说”“不管/甭管/别管”“哪管”都具有无条件让步义。这里的“管”是由动作动词“管理”义引申为心理动词“理会、顾及”义，最后在反问语境中发展为“无条件让步”义，表“不管、不论”等否定意义[①]。方言中这些以“管”“不管”为核心的无条件让步连词，主要出现在一些无条件复句中，表达它们所引导的分句所提出的条件都不会对另一分句所述的结果、结论产生任何影响，如“这箱橘子管多少斤也得抬楼上去”。

1. 表否定义的连词“管”构成的典型句式

（1）“管”字句。管字句一般由条件分句（偏句）和结果分句（正句）两分句构成，“管”所在分句即条件分句，置于结果分句前后均可。整个复句的格式有三种情况。

①“管”条件分句 +“都/先/就/也/反正”结果分句。

“管”所在分句提出的任何条件，在结果分句中都只存在一个结果。根据两分句间的逻辑关系，在结果分句中会有不同的关联词，比如“都”限定范围、“先”表时间顺序或优先次序、“就”强调结果的不可改变、“反正”强调了主观态度等，例如：

管它有多难，都难不倒我。
管大家排了多久的队，我先占上位置再说。
管你爱不爱听，我就说。
管你张家长李家短，反正我干我的。

②“管”条件分句 + 结果分句。

该句式在结果分句中不存在副词共现的情况，其余与①式相同，如：

管刮风下雨，我照常跑步。

③“管”条件分句 +“只要”条件分句（+“就/都”结果分句）。

“管”分句提出条件，通常是一种周遍条件，再由“只要”分句进一步限制某些条件，最后才会出现某种结果，而结果分句在语境的支撑下有时则不出现，如：

管刮风下雨，只要一有空儿，我就去跑步。（其中“管刮风下雨”也代表了其他恶劣天气等周遍性条件）

---

① 动词“管”最初出现在否定句或反问句中，如否定句“（我）不管他学习好坏”，反问句“（我）管他学习好坏干什么?”，当后来其用于条件小句时，如“不管他学习好坏，我都喜欢他”“管他学习好坏呢? 我都喜欢他”，在句法位置和核心谓词的双重影响下，动词性成分“不管”“管”开始走向虚化的道路，发展为无条件连词，“管”所在分句可以在反问句和陈述句中自由切换，如“管他学习好坏，我都喜欢他”。

普通话中，关于“管”所处条件分句的基本结构形式学界多有论述，可归纳为以下两种。

A. 管 + 人称代词 / 名词性成分 + 后续成分，如：

管你听没听懂，我是告诉完你了。

B. 管 + 人称代词（+ 呢），如：

别想那么多了，管他呢！

王竹梅（2012）对现代汉语“管小句”的结构类型进行过统计，指出句中的“管”和“人称代词”是常量，必须出现，而后续成分有时可省略[①]。但在望奎方言中，还有一种不包含人称代词的形式，即下文C种。

C. 管 + 后续成分，如：

管说啥，把病治好最重要。

关于“管”后的人称代词，如果实有所指，那么其与后续成分构成主谓结构，这样的代词有“他、你、他们、你们”，有时也包括旁指代词“别人”，如：

管他知不知道这件事，就当他已经知道了。

如果无所指代，只是在“管”后虚化为一种衬音成分，那么其与后续成分就不存在任何句法关系，这样的代词有“他、你”，如：

管他刮风下雨，我照去不误。

除了通过句意来区分该人称代词的虚实外，还可通过该人称代词是否轻读来判断虚实，如果是轻音，就代表已经虚化。

“管”后还可以是名词性成分，可以是单个名词，如“管橡皮好不好使”，但多数是与人称代词构成领属关系的名词，即“人称代词 + 名词”的形式，“管你书包在哪儿”，其中“你书包”与“在哪儿”构成主谓关系。

普通话中“管”后一定要有人称代词或名词性成分，即使有些人称代词是虚指。如果没有这些，就要使用“不管”句。但在望奎方言中却可以不这样使用，如“管他刮风下雨”“管刮风下雨”都成立，都表达一个意思，这也就是我们所说的形式③。

后续成分才是条件分句的条件所在，后续成分有以下三种类型。

（A）列举式

包括“常规列举式”和“正反对立式”，前者如：

管房前屋后、大街小巷，我都找遍了。
管他吃米饭吃面条，都行。

后者如：

管他合适不合适，反正我跟着去了。

① 王竹梅：《现代汉语“管字句”的多角度研究》，硕士学位论文，南京师范大学，2012年。

管他是不是合适,反正我跟着去了。

管他煮得地不地道,我都喝了。

管他老外不老外,我都说汉语。

通常情况下,这些列举项在范围上都代表整体,具有周遍性,也就是无条件性。

(B)疑问词式

后续成分含“啥、谁、咋、哪儿、多少”等疑问词的情况,这些疑问词表遍指,是“任何……”的意思,代表了无条件性,如:

管他谁去参加呢,都成。

管多少钱,妈都给你买。

前面我们分析过,“管”是在反问语境中发展为否定义“不管”的,而上面的①②如果在以前的反问句中,恰好对应了选择问、特指问,只是它们都不再表疑问,而是表达遍指了。

(C)特指、偏指式

后续句只列举了一个条件,通常是特指成分,看似对条件的限制,实则是由这个特指的情况代替范围内的整体情况,如:

管他排队闹闹吵吵,我都边排边看书。

还有一种是后续成分含程度副词“多”的情况,形式上是偏指某一种情况,而这种情况与其他情况只是程度上的差别,实际上也是代替范围内整体情况,如:

管他多辛苦,受益人又不是别人。

当然,在所指明确时,后续成分还可省略,但只限于“管”后是人称代词“他、你”的情况,此时“他”虚指、“你”实指,如:

别想那么多了,管他!

你爱去不去,管你!

有时其后还可加“呢”,如“管他呢”“管你呢”。

(2)“管多咱”句、“管咋的 / 管咋说”句。在望奎方言中,“管多咱”“管咋的 / 管咋说”是常见的连接性成分,是无条件连词“管”和固定结构“多咱”“咋的 / 咋说”在长期高频连用的情况下形成的连接性成分,同时它们也是由“管 + 后续成分”构成的无条件让步句,这个后续成分就是上面我们所说的“疑问词式”。一般情况下,“管多咱”“管咋的 / 管咋说”本身就相当于一个条件分句了,而且它们不需要借助语音停顿与后面的结果分句隔开,所以它们所在的句式不存在有前后分句的情况,整体在形式上为一个句子,形成了最基础的句式。但有时,句中会加入“只要”继续限定条件,那么这些连接性成分所在的句子就会存在有前后分句的情况。

①“管多咱”句。

“管多咱”的意思是“无论什么时候”,表任意的时间或场合,其中“多咱”是一个询问时间的疑问词。"管多咱"整句表达的是"无论时间或场合怎样不同,结果不变","管多咱"通常位于句首,主要有三种句式。

A. 管多咱+结果分句(即"名词性成分+就/也/都/零形式+谓词性成分")

他和我提好几回你了,管多咱你**就**打个照面就行。
管多咱你**也**不兴赊账。
儿子不听话,管多咱李婶儿**都**会向着姑娘。
管多咱姑娘家打扮好自己。

B. 管多咱+只要+条件分句,结果分句

管多咱只要一见到我,小侄子就乐得屁颠屁颠的。

C. 管多咱呢(省略句)

只要给我礼物就成,管多咱呢!

②"管咋的/管咋说"句。

"管咋的"与"管咋说"前者表"不管怎么样",后者表"不管怎么说",二者都表"无论如何",其中"咋的"多数情况下是谓词性代词,"咋说"是谓词性的状中结构。二者组成的连接性成分在意义和用法上大体相同,它们都可构成两种句式,其中基础句式都表示"在任意的条件下,结果都不变",下面我们放在一起讨论。

A. 管咋的/管咋说+结果分句(即"名词性成分+也/都/先/就/反正/零形式+谓词性成分")

B. 管咋的/管咋说+只要+条件分句,结果分句

A中"管咋的/管咋说"本身就相当于一个"管+疑问词式"式的条件分句,又因为已熟语化,所以和结果分句融入一个句子中。有时,"管咋的/管咋说"也可置于结果分句中的名词主语后,然后在一些副词的连接下,后面接上谓词性成分,如:

你管咋的也不能动手打人家。
管咋说你也不能动手打人家。
管咋的只要我一笑,孩子也跟着笑。

上面无论是"管"字句,还是"管多咱"句、"管咋的/管咋说"句,都是以肯定的形式表达否定的意义,具有无条件让步性。与"不管"引导的无条件句相比,口语性又很强。尤其是"管"字句,表达了一种随便、无所谓,甚至是轻视的态度,主观性强。

2. 表肯定义的连词"管"构成的典型句式

(1)"不管/甭管/别管"句。在普通话中,"不管""甭管""别管"作为条件连词,组成无条件句的基本格式与"管"字句稍有差别,"管"字句后面必须有代词或名词性成分作主语(或虚主语),而"不管"句后可以没有主语。而在望奎方言中,"管"字句本身后面就可没有代词或名词性成分,可以与"不管"句获得同样的句法地位。而二者真正的不同之处是:在

“管”条件分句中，当所指明确的情况下，后续成分可省略，如“管他（呢）、管你（呢）”，“不管”句虽然也可以这样用，但不能有“呢”附在句末，如：

（×）别想那么多了，不管他呢！

（×）你爱去不去，不管你呢！

此外，“不管”句使用的场合稍微正式一些，也很少有“随便、无所谓”的语气。其余无论是在句法格式（或条件分句、结果分句、关联词等大的要求）上，还是在后续成分的具体要求上，“不管／甭管／别管”句都与“管”字句一致，这里仅举出几个用例：

不管咋笑话他，他都有一颗顽强的心。

甭管谁在我这儿都没特权。

（2）“哪管”句。此处的“管”以前是“顾及、理会”的意思，“哪管”是“哪有时间和精力去顾及某事”，这就意味着“不管、管不着”，后来发展为“管得少”，最终表“至少管”，表一种让步条件，是假设的让步，相当于普通话的“哪怕、至少”，组成的句式有三种。

①哪管（+名词性成分）+谓词性成分，也／都+结果句，如：

哪管你去看看老人家，也都说得过去啊。

②哪管是+谓词性成分，（名词性成分+）也／都+结果句，如：

哪管是浇成落汤鸡，我也要上街买油炸糕。

③哪管（+名词性成分）+谓词性成分+也行／也好啊，如：

都一天没吃东西了，哪管你喝点儿粥也行啊。

其中①中的名词主语也可位于“哪管”前。①②句式中的“哪管”位于条件分句中，它提出的是一种让步条件，要么是“哪管”加上一个小句形式表条件，后面接上结果句。要么是把小句的谓词性成分提前，用“哪管是”对其进行强调，然后再接上结果句。①句中的“哪管”分句和结果句不能更换位置，而②中的“哪管”句也可位于结果句之后，表一种补充说明。③中的“哪管”与后面的主谓结构构成条件句，后直接接结果句“也行／也好啊”，整体融合为一个句子。此外，“哪管”未词汇化前的短语义在方言中还有保留，“哪”具有否定义，“哪管”整体表“不管”，如：

哪管白天黑天，能睡着觉就睡。

（二）转折连词“管说”

“管说”中的“管”是范围副词，表“只、就”，对“说”的范围进行限定，短语整体表“只说”。由于常放在句首，后面又常接小句形式，在句法位置上逐渐语法化，意义虚化为“只说某事（但下列情况你不承认不行）”，用于对“管说”后面的内容进行驳斥。后来，“管说”又由一个驳斥某种话语的句首标记，发展为批驳某种想法或观念的标记，

“说”除了引述他人的话语外，还可以引述他人的想法，而这种想法有时是说话人自己推测的。

“管说”组成的句式是“管说 +NP1+VP1，NP2+VP2（基础形式）”，其中“管说”位于先行句句首，引导一个小句，是接下来要与对方交流的内容，也是要在后续句中批驳的内容。后续句一般以转折中轻转的形式出现，通常是与先行句进行的对比，就是在这种对比中才显出差距，进而对先行句的内容进行批驳，包括二者对比，如：

管说我爱嚼舌根，他不也那样吗？

实际情况与原因间的对比，如：

管说孩子不爱学习，做父母的总打牌，给孩子树立个啥榜样？

口中要求与实际后果间的对比，如：

管说让我参加家长会，那老师不得咋说我呢。

这些后续句都是通过一些具体的理由或论据，对“管说”引导的先行句进行的具体驳斥。

五、“管”其他用法在各方言中的使用情况

“管”的用法多种多样，组成句式的种类在各地方言中也各有不同，比如在东北方言区经常用于范围副词，表“只、就”，如“你管玩手机了，快递小哥进来都没看见”。而其构成的词语“管说”则用于转折连词，表“只说”，表轻度转折，如“管说人家俊，人家背后咋捯饬化妆你看到了吗？”。下面我们关注在望奎方言中不存在的意义和用法。

（一）应答语“管”

“管”可以作独词句，但需是对对方话的应允、许可。杨婧（2018）指出，表“行、好”义的应答词“管”，主要分布在河南的最东部、东南部一带，如商丘和信阳。而中部、东部地区则是应答词“中、管”并存，如新乡、开封、商丘等地的部分地区①。赵金（2019）也指出，徐州话“管”表“好、行、可以”，可作应答词使用②。例如：

——我没零钱了，你能借我两块钱坐公交吗？——管。（赵金，2019）

（二）助动词“管”

卢君（2014）指出，在河南周口沈丘方言中，“管”可作助动词使用，表具有某种能力或用途，相当于北京话的“能、会”③。其所表的能力大多是超常的，其修饰的动作可能是主语平常并不拥有的，如：

---

① 杨婧：《河南方言应答词“中”和“管”地理分布成因考察》，《汉字文化》，2018 年第 4 期，第 32—34 页。

② 赵金：《论徐州话“管”作助动词及应答词的用法》，《文学教育（下）》，2019 年第 3 期，第 60—63 页。

③ 卢君：《河南周口沈丘方言中的“管”及其语法化过程》，《红河学院学报》，2014 年第 4 期，第 100—104 页。

他才学英语两个月，就管跟外国人对话。（卢君，2014）

其表用途的用法如：

长嘞好看管当饭吃？（卢君，2014）

其表许可的用法如：

这车你不管开。（卢君，2014）

该用法也广泛运用于徐州方言中，赵金（2019）指出，作助动词时“管”表能力、用途和许可①。

（三）语气副词“管”

卢君（2014）指出，在周口沈丘话中，经常用“管”作表推测的语气副词使用，表“大概”②，但倾向于肯定，如：

这人管有四十出头。（卢君，2014）

在河南信阳地区，几乎不说动词“管保”，而说成“保管”，所以该地“保管”有“保存和管理”和“保证、担保”两个动词义，如：

我来保管这些旧资料。（李豪，2020③）
啥也不想，保管你睡个好觉。（李豪，2020）

六、小结

望奎方言中的动词“管”组成的“管”字句从语义上可分 10 类，“管保”组成的“管”字句可分 4 类。同时我们关注了情态副词“情管”组成的 3 类“管”字句、限定范围副词“管”组成的 2 类“管”字句；主要考察了对象介词“管”和处置介词“管”组成的“管”字句；也重点考察了条件连词“管”组成的表否定义的 3 类“管”字句、“管多咱”组成的 3 类“管”字句、“管咋的 / 管咋说”组成的 2 类“管”字句，“不管、甭管、别管”组成的 3 类“管”字句、“哪管”组成的 3 类“管”字句，转折连词“管说”组成的 1 类“管”字句。我们搜集的这些句式尽量做到全面、详尽。从中也可看出，望奎方言的“管”字句类型丰富，其中的各类“管”，有的是从动词“管理”义及引申义虚化而来，有的是方言中“光”的语音变体。有趣的是，“光”会音变为“管”，而普通话中真正的“管”，在方言中有时又变读为［kuɑŋ˨˦］，甚至是［kua˨˦］。最有意思的是，“管管”的“范围副词 + 动词”用法在望奎方言中的运用也极为普遍，这些都很具有地方特色。

---

① 参见 赵金（2019），同上。
② 参见 卢君（2014），同上。
③ 发音合作人：李豪，男，1990 年出生，从小生活在河南省信阳市淮滨县固城乡。

第三节　“他”字句

在望奎方言的口语中，存在一些典型的“他”字句。我们根据“他”在句中出现的位置，分为句首的“他”（代词用法和无指用法）、句中的“他”（助词用法）和句末的“他”（语气词用法），分别描写这些句式的句法格式和语法意义等。

从历时角度看，古汉语的“他”兼称男女、不区分人和物，是泛指代词（后面我们会具体介绍）。在语法化后，“他”在句中不但可表语气、时态，还可作不可或缺的结构成分[①]。从共时角度看，董秀芳（2005）指出，口语中在主语处常出现一个“他”来指称前面出现的话题成分，可以是指人的，也可是指人以外的其他有生命或无生命的，还可指由动词性成分表示的抽象事件[②]。所以，无论古今，与“它”相比，“他”的意义和用法都很泛化，我们全文统一记作“他”[③]。

一、句首“他$_{1、2}$”（代词用法和无指用法）

“他”有人称代词和旁指代词的用法[④]，作旁指代词时，指称“别的、其他的”，可以指人，也可指事物，如“他人、他日、他心、无他”。由于大多数都作为语素凝固于词中，本书不考虑“他”作旁指代词时的成句情况，只讨论其作人称代词（及衍生出的指代事、物的用法）时和虚化后的成句情况。

（一）句首回指代词“他$_1$”

这里的“句首”指谓语结构之前的主语部分。现代汉语第三人称单数代词“他”，指称或替代自己和对方以外的第三人，这种用法是从一般意义上而言的。但前面提到，“他”也有指代事、物的用法。在成句方面，“他”要么指称句外具体的某人、某事和某物，要么回指句内的某名词性成分。前一种用法又分为句外实指和句外虚指两种情形，在一般的（主）动宾句中，作为指称代词，“他”可处在句中主语、宾语、定语等不同的句法位置上，代替名词来充当不同的句子成分，在语义上实指或虚指句外的人、事、物。如：

今天在学校小凯又打架了。——不要和**他**一起玩。（句外实指，依赖语境）

花生瓜子要少吃，吃多了**他**上火。（句外虚指，泛指任何人）

我们也暂不考虑“他”这种句外指称的一般情况，而是讨论方言中一些较有特点的句内回指的情况。

该用法一般指在同一个句子中，出现先行词（一般为话题成分），然后用“他”复指的情

① 张静：《关于现代汉语口语句式“V+ te+ MQ”》，《五邑大学学报（社会科学版）》，2004年第1期，第76—78页。

② 董秀芳：《现代汉语口语中的傀儡主语“他”》，《语言教学与研究》，2005年第5期，第22—27页。

③ 下文中无论表人、表动植物等非人生物，还是表无生命事物等，都统一记作“他”。

④ 其中人称代词用法就是由旁指代词用法发展而来的。

况，其句法格式通常为“话题（，）他 +VP”[①]，也分为实指和虚指两种。

1. 句内回指（实指用法）

一般为了强调某人、事和物，将其置于句子中的话题位置，然后再由“他”占位于原来的主语位置，复指前面的话题，有时会有稍许的语音停顿，如：

我这儿子，他偶尔也像小棉袄一样关心我。
李大爷他再困难也不说个“不”字。
我哥他说可以的。

“他”有时复数化，回指的是“他们”，包括某些人或某类人，前者是通指用法，后者是类指用法，如：

当时那老些看热闹的人他不管醉酒者的死活。
但凡是能挣钱的理发师、卖菜的、给别人打工的，他都是特别能早起的。

以上用法虽然与第三人称单数代词“他”在“数”上不一致，但也大体符合，而下面就是一些虚指的情况了。

2. 句内回指（虚指用法）

有时，“他”与话题成分在“人称”及其他方面也存在明显的不对应现象，其功能已明显超出了以往的使用范围，如：

（1）回指第一、二人称。

我看不起你？根本他也不能。
你这人，他命好。

（2）回指非人生物、无生事物。

这耗子，他天天晚上在房顶上“吱吱吱”。
实体店他也不能强买强卖。
后儿个他就春分了。

（3）回指抽象事件（多由动词性成分组成）。

在早儿以前考驾照，他都没有现在难。
吃外卖，他是不有点儿不卫生？

（4）回指一个命题，此处的“他”也可以用“这”来代替。

种瓜得瓜种豆得豆，他啥时候都是硬道理。

（二）句首无指的“他$_2$”

句首无指用法的“他”可以构成以下两种句式。

---

① 还有一些不是位于句首（如位于宾语位置）的代词“他”回指话题的情况，如“这孩子，我打他了”，这种位于句中的情况与位于句首位置时大体相同，我们先只考虑前一种情况。

1. 话题(，)他 +VP

此处的“他”一般占位于主语位置，但找不到先行词，在本句和上下文中均无所指，已虚化，它的存在只是单纯的结构占位的需要。这很可能是由前面句内复指的用法发展而来，只是由于口语中人们的语言习惯，即使无所指代也要用“他”这一有形形式来占位于代词常出现的主语位置。如：

有按摩店，他有这些养生的会所，推拿、理疗。

2. 他 + 主语 +VP

该句没有话题成分，“他”是作一个句首助词使用的，后面是小句成分，小句内必须有名词性成分作主语，因为如果“他”直接接的是谓词性成分，那么“他”的出现就有可能是结构占位的需要。这里的“他”无所指代，也不是为了结构占位，只是一种强调标记，读音弱化。在方言口语中，通常是先陈述某件事情、描述某种现象，然后用“他”引出与之相同、相反或相对的内容，并对此进行解释、说明，“他”起到了强调语气的作用，如：

今天的事儿够精彩吧，他眼下这种歪门邪道你数不过来。
不高兴就把门给我摔了，他我还不高兴呢。
人家没说啥，他你还来上劲儿了。

由于“他”在句中无先行词，无法确定其回指对象，也不在任何句法位置上，在句中可有可无，作为助词也属于句子层面的，它的存在属于语用范畴。

二、句中“他$_3$”（助词用法）

除了上述用法，“他”还可用在动词和名词性成分（或少数谓词性成分）之间，作前面动词的后助词，无实义、无所指对象，不作任何句法成分，只起到加强语气的作用，可省略。与“给”连用虚化为“给他”后，也可作谓词性成分的前助词，表达动作行为的强影响性。虽然只是附属词，但如果脱离具体语境，有一些会与代词“他”难辨易混。在方言中我们找到该种用法“他”组成的四大类句式和若干小类句式。这些句式的主语一般都是人称代词或指人名词，经常省略。在主语后、动词性成分前经常会有一些情态副词（如“一定”）、表将来的时间副词（如“将要”）、心理动词（如“打算”）、能愿动词（如“会”）等作动词性成分的修饰成分，我们称作“动修”。下面我们具体介绍。

（一）（主语 + 动修 +）动词 + 他 + 数量词结构 / 名词结构 / 谓词性结构

1. 分类

（1）（主语 + 动修 +）动词 + 他 + 数量词结构。这类句式是在动词和数量词结构间加入助词“他”，其中的数量词结构包括数量短语、数量名短语、数量短语和名词的组合三种形式，主要组成相应的三种句式。通常情况下，这些数量词结构都表达了某种程度，并且限定了这种程度，即放在动词后来补充说明动作所达到的程度。整句的句式意义是：某人想要将动作行为实施到某种程度，以此来宣泄心中的某种情感、情绪。动词的后助词“他”

无实义，只是协助这些数量词结构表达动作的某种程度。但“他”与动词在语义上一般是很难搭配组合到一起的，否则与动宾结构难辨易混。

①（主语＋动修＋）动词＋他＋数量短语：数量短语整体作动词的补语（或准宾语）。如：

难得你来，我想今晚弹他几曲。

看来得亲自出马了，我打算走他一趟。

好久没吃黏豆包了，咱俩一定吃他一锅。

②（主语＋动修＋）动词＋他＋数量名短语：此处的数量词后面有名词共现，数量词修饰名词，它们在形式上是动词的宾语。与不加“他”的句子形式相比，“他”的使用起到了转移句子重心的作用。不加“他”，句子重心是数量短语所修饰的名词性成分。加入“他”后，句子重心就转移到了这种表程度的数量短语上面，以此来表达这种动作行为的程度。如：

作为赔偿，我朝超市要他**几斤**油。	作为赔偿，我朝超市要几斤**油**。
我想唱他**几首**老歌。	我想唱几首**老歌**。
他慢吞吞地吐他**几口**烟圈儿。	他慢吞吞地吐几口**烟圈儿**。

虽然是侧重于表达动作行为的某种程度，但数量名短语在整体上还是更倾向于作动词的宾语，而不是补语。

③（主语＋动修＋）动词＋他＋数量短语＋名词：与上一种句式不同，这里的数量短语和名词之间并没有结构上的关系，但它们却分别与前面的及物动词存在某种句法关系，动词与数量短语组成动补结构，动词与名词组成动宾结构，整体上是动补宾结构。如：

你要不拘束地逛他几次中央大街？

我想写他一天文稿。

（2）（主语＋动修＋）动词＋他＋名词性结构。该类句式是在动词和名词性结构间加入助词“他”，句意的理解对语境的依赖也比较大，否则会与“（主语＋）动词＋间接宾语＋直接宾语。”的句式发生混淆。如“我想吃他苹果。”既可指“我想吃他的一个苹果”，又可指“（好久没吃苹果了，我打算痛痛快快）吃苹果”。对这两种情况进行区分，主要应注意两点：首先，如果句重音落在动词上，“他”轻读，那么“他”就是助词，否则就是代词。其次，双宾结构中的代词“他”不能去掉，否则影响句意。

动词的后助词“他”加名词性结构的情况，主要产生两种句式：

①（主语＋动修＋）动词＋他＋名词／定中结构：这类句式就是上文我们提到的经常会产生歧义的那类句式。如：

我想拼他未来。（名词）

这几家店我骗他好多钱。（定中结构）

吃吧，（你）别管他什么东西，大口地吃。（定中结构）

②（主语＋动修＋）动词＋他＋名词性并列结构。如：

你别管他春夏秋冬，平平常常做自己。

你别看他风风雨雨，我都照常跑步。

“他”后的名词性成分不能是代词，否则句子不成立。也不能是“的”字短语，因为“他”在“的”字短语前指代性太强。可以是同位短语、方位短语等，但也极易产生歧义，如：

（×）他招呼他你。（代词，句子不成立）

早知道我就不听他卖药的了。（“的”字短语，“他”有所指代）

我就喜欢他作家李强。（同位短语）

我想去他小屋子里。（方位短语）

（3）（主语＋动修＋）动词＋他＋谓词性结构。该类句式是在动词和谓词性结构间加入助词“他”，“他”表强调。但这种情况比较少，而且一般接的都是形容词性成分，如“你问他清楚[①]”“我吃他尽兴”，形容词直接作动词的补语。

①（主语＋动修＋）动词＋他＋形容词性成分：此时的动词与后面的形容词性成分组成述补结构，“他”作为结构助词，可以换成补语标记“得”，也可去掉，句意不会受到任何影响。如：

打他屁滚尿流！

我已经吃他饱饱的。

②（主语＋动修＋）动词＋他＋谓词性并列结构。

不理他寒来暑往，他始终穿着奶奶给留下的背心。

“他”后的谓词性成分不能是“出发、学习”一类的光杆儿动词、“去北京”一类的动宾结构、“明天出发”一类的状中结构，也不能是动词的连动式。

2. 语义限制

在语义上，“（主语＋动修＋）动词＋他＋数量词结构／名词结构／谓词性结构”句式对各构成要素都有一定的要求。

（1）主语：通常是人，有实施某种动作行为的自主性和宣泄某种情感的意图。

（2）动词：动词很少能带人称代词“他”作宾语，否则易引起歧义。一般为表将来时态的动词，或是表持续性动作的动词，不能是完结性动词，单双音节均可，如“你想折腾他一年半载”。

（3）数量词结构／名词结构／谓词性结构：“他”后的名词结构一般作动词的宾语，谓词性结构主要作动词的补语。“他”后的数量词结构一般作动词的准宾语、宾语或与动词组成动补宾结构。由于是表达程度，所以不需要精确的数量。

---

① 区分“问他清楚”是动补结构还是动宾补结构，应看句重音，如果重音落在动词上，“他”轻读，那么“他”就是助词，否则是代词。

（二）（主语＋动修＋）动词＋他个＋谓词性结构/数量词结构

该句式主要来源于双宾语句式“（主语＋）动词＋他＋一个＋名词结构”和双宾语复指句式“（主语＋）动词＋他＋这/那个＋名词结构”。其中名词结构是直接宾语，“他”是间接宾语，“一个”是数量短语，“这/那个”是指量短语。前者如“我想问他一个数学题”，后者如“我想问他这个数学题”。随着使用频率的增加，“他＋一个”“他＋这/那个”逐渐凝固整合为“他个”，即“间接宾语＋量词”的结构，如“我想问他个数学题”。

当句中的名词结构变为谓词性结构后，句式中的“他”由于无所指代而失去了指代功能，“个”也从计量单位变得无实义，修饰这些非体词性成分。“他个”由于先前连用的频率较高，直接整体凝固虚化为动词的后助词，后接表程度的谓词性结构作动词的补语，成为一种补语标记。有时后接数量词结构作动词的准宾语[①]。同时还表达了一种语气，强调动词所代表动作行为将要达到某种尽兴的程度。句中的动词需要重读，“他”需要弱读。

1. 分类

（1）（主语＋动修＋）动词＋他个＋谓词性结构。句中的谓词性结构可以是动词或形容词的光杆儿形式，也可是它们的短语形式，一般担任动词的结果补语，也可看成程度补语，如：

我要睡他个<u>愚作</u>舒服。
我要吓他个闻风丧胆。
他这媳妇儿想要作他个山崩地裂。
我倒要问他个慌里慌张。

（2）（主语＋动修＋）动词＋他个＋数量词结构。句中动词后的“他个”连接一个数量词结构作动词的准宾语，由于数量词结构中已含有计量单位，更加快了“他个”的虚化进程，如：

咱同学有几年没见了，一定聊他个几天几宿。
这病要想去根儿，需要等他个三年五载。
取暖费下来了，我要买他个几吨蜂窝煤。

同样，“他个”在这两种句式中虚化后，又反过来影响最初的句式，一些表时间的名词也可出现在“他个”后面的位置，作动词的宾语，但这种句式很少使用，如：

我想拼他个未来。
我们携手他个明天。

2. 句法及语义限制

从总体上看，“（主语＋动修＋）动词＋他个＋谓词性结构/数量词结构”一般表未发生的动作行为，“他个”加强了这种未然的语气，并且强调这种动作行为将要达到某种尽兴的

---

① 处于宾语和补语之间的句法成分，一般是表时间的成分。

程度，句子的主观性很强。

（1）动词通常有强烈的主观能动性，即含有“自主性＋控制性＋意愿性”的语义特征，“意愿性”代表可以决定补语所代表的程度，“控制性”代表可以控制补语所代表的程度。同时还应是表将然的动词，不能和动态助词“着、了、过”连用。

（2）“他个”后如果是数量词结构，当其代表时间时，既可以看作动词的补语，也可以看作动词的宾语；当其不是表时间的结构时，一般作动词的宾语。当助词“他个”后是名词性成分时，一般是表时间的名词性成分，也可看作动词的“准宾语”。

（3）由于“谓词性结构、数量词结构”一般是对动作行为的补充说明，所以多数具有完结性。

（三）（主语＋动修＋）给他＋谓词性结构

与前面“他”作动词后助词的那些句式不同，这种句式中的“给他”整体虚化，作谓词性结构的前助词，表达动作行为的强影响性，如：

我给他超出日期了。

沉住气，你给他不骄不躁。

我们知道，作为动词的“给”表传递某具体东西，当传递之物变得抽象后，“传递”义泛化为“对某事物施加影响”，就有了“给”的助词用法，一般附着在动词前表对某事物施加某种影响，同时带有强调语气。由于“给”后的宾语“他”所复指的对象与“他”越来越不相一致，导致“他”的指代功能失去，虚化为黏着于“给”后的音节成分，帮助协调韵律。虚化的二者在长期高频共现的条件下，黏合成一个表动作行为的强影响性的前助词，依附在谓词性成分的前面，起到加强语气的作用。

“给他”后也可出现“个”，如“我们给他个一醉方休”，“个”也是语气成分，无实义。“给他”后面的谓词性成分不能是单音节动词，多为简短的动词结构，如：

你今天算是给他吃回来了。（动补结构）

你要再休息不好，你就给他按摩穴位。（述宾结构）

我记性不好，这件事儿你给他经常提提。（状中结构）

（四）主语＋（动修＋）V 他一 V

这种句式的 V 是及物或不及物动词均可，但在句式中一般都体现出不及物动词的特点，否则会与后面的“他”被误解成动宾结构。V 通常是单音节动词，“他”作 V 的后助词。这样，由于“他”的引进，“V 他一 V”不但凑足了四字格的韵律，而且也强调了 V。再加上另一个 V 和“一”对 V 的强调，“V 他一 V”整体上表达了一种强烈的自主性和意愿性。此外，句中前 V 的前面一般也有表达意愿的能愿动词或心理动词，更表达了强烈的意愿性和动作行为的非现实性，而且带有一种自由随意的语气。如：

我想看他一看。

这件事必须得问他一问。

三、句末“他$_4$”（语气词用法）

“他”还可附在句末作语气词使用，帮助构成一类含使令义、处置义的祈使句，但又不限于祈使句，如：

一股味儿，这剩饭都能吃坏**他**无实义，仅表一种强调。

这类“他”字句中的“他”以前在句末作复指代词，如下例：

这小子（男孩）你快帮帮**他**。

即在动词的受事名词前移后，用来附在动词后填充宾语位置的，这样受事就因被提示两次而被加以强调，整个句式就含有强调色彩。

这样，由于经常处在句末的位置，第三人称单数代词“他”具备了语法化为语气词的位置条件。“他”渐渐发展为与所复指的受事不相一致的成分。在这种“他”字句中，受事可以不是单数、不是第三人称，或者句中已经有了复指成分，甚至前面的动词可能不再带宾语，如：

那老些人我想问问他。
我想把你气死他。
那盆菜你抓紧把**他**吃了**他**。
别让保姆走他。

这就导致“他”的复指功能磨损甚至失落，无所指代，读轻音。去掉后原句基本意思不变，只是失去了强调和使令色彩。在望奎方言中，除了作表强调和使令的功能标记外，“他”还演化成一种表将来时的语法标记，代表句中的动作行为还未发生，如：

能来现场给我捧场不？没事儿，到时候实在不愿待就溜他。
总这么唉声叹气，早晚病他。
别瞎想，树挪死，人挪活，要是惹不起的就躲他。

也可充当表结果的补语标记，代表句中的动作行为是将要完结的而不是持续性的，如：

这腿现在不快点儿养好，以后肯定瘸他。

而且这些用法也已从处置式、使令句衍生到了其他句式中去了。

（一）几种句式

在望奎方言中，该类用法的“他”字句主要有以下几种，它们都不属于客观上的陈述、描写或说明，而是表达了强烈的主观色彩，含有处置、命令、使役、强调和建议等语气。

1. 处置句

（主语+）把+宾语+动词（+补语/了）+他。在“把”字处置式中，原位于动词后的受事名词被“把”字提到动词前，原位置由“他”来复指这一受事名词，表通过某种动作行为对受事加以处置，是一种强调的用法。如：

你把裤子熨平他。
我把废铜烂铁都卖了他。

但很多时候，“他”已虚化，因为其与曾复指的受事名词在人称和数上并不一致，如：

你才刚的举动把我乐坏了他。
别把自己喝醉他。

抑或是句中已经有一个“他”对受事进行复指了，如：

黄瓜还没长大都把**他**摘**他**，太可惜了。
那些资料你有时间把**他**扔**他**。

此时虽然“他”已虚化，不再是处置式中的回指代词，但整个句式的强调意味仍然是存在的。

2. 兼语句

这里的兼语句主要指使役类句式。在望奎方言中，使役动词主要由“让”来表示，表“使令、致使、允许、任凭”等义。首先，我们应排除“让”参与组成的“（受事主语 +）让 + 施事者 + 动词（+ 了 / 补语）+ 他”这类“他”字句，因为该句式受事成分在前，“让”表被动义，后接动作的施事者，“他”回指受事主语，而不是施事者，如：

苞米棒子让耗子叼走他。
我差点儿让你整蒙他。

下面三种句式才是我们要讨论的“他”字使役句：

（1）（施事主语 +）让 + 兼语成分 + 动词（+ 了 / 补语）+ 他。这类“他”字句，施事主语在前，“让”表使役义，后接兼语成分，兼语成分又是后面动作的施事者，“他”回指这个兼语成分，即“让”的宾语，如：

你让孩子吃饱了他。
我让小偷跑了他。
你让我死他。

“他”在多数情况下已虚化，只是辅助表达使役义。有时，“他”并不回指兼语成分，只代表未出现的兼语成分的受事，或者是只作为动词的收尾成分，或是我们所说的完句成分，无实在意义。如：

（你）让猫吃他。

（2）（施事主语 +）让 + 兼语成分 + 动词（+ 了 / 补语）+ 他 + 得了 / 算了。该句式是上面句式的扩展形式，只是在后面加“得了、算了”，表一种妥协和让步。但与上句不同的是，“他”不回指兼语成分，而是协助“得了、算了”表达一种强调的语气，如：

你让孩子吃饱他得了。

你让我死他算了。

(3)(施事主语 +)让 + 人称代词 + 动词 + 人称代词 + 都 / 就 + 动词(+ 了 / 补语)+ 他。该式的动词及物、不及物均可，虽然动作行为是将然的，但有时"他"的出现，象征着动作的完结(将要完成)而不是持续，如：

你让我喝没我就喝没他。

举办方让咱逃咱就逃他。

3. 兼语句和处置句的套合句

(施事主语 +)让 + 兼语成分 + 把 + 受事宾语 + 动词(+ 了 / 补语)+ 他

该句式也是把将来要发生的事件进行"使役"处理，"他"回指"把"后面的受事宾语，如：

你快让孩子把地瓜粥吃完他。

让瓦匠把天窗补上他。

该式还可扩展为"(施事主语 +)让 + 人称代词 + 动词 + 人称代词 + 都 + 把 + 他 + 动词 + 他"，如：

我让你吃你都把他吃他。

雇主让咱们擦完咱们都把他擦完他。

4. 一般主谓句

主语 + 动词(+ 了 / 补)+ 他

该句的主语可以是动作行为的受事，置于动词前，然后用"他"来复指，如：

老喽，我这眼睛早晚瞎他。

你家热水从来都不做够他，来客儿了都没喝的。

也可以是动作行为的施事，置于动词前，如：

我可不复读，我得赶紧走他。

你吃他("他"轻读，表使令和将然)。

5. 话题句

话题 + 主语 + 动词 (+ 了 / 补)+ 他。该句的话题一般是前移的受事宾语，"他"最初是以回指代词的身份出现的，强调被前移的成分。话题后是动作的施事，如：

交代给你的事儿你别忘他。

这副对联你贴他。

那小别墅执法部门想要拆他。

6. 省略句

动词（+了/补）+他。该句式不出现施事和受事对象，只是简单地用动词加上表回指或祈使的“他”完句，比较简洁。该句一般对语境有所要求，受事一定是有定的、交谈双方都知道的。如：

（这些旅游景点）今天逛完他。

7. 建议句

（主语+）能愿动词（能、可以、愿、该）+动词+的+都（就）+动词（+了/补）+他。

该句式一般表建议他人怎样，如：

朋友圈该清理的都清理他。
过去的事儿能忘的就忘他。

（二）句法及语义限制

以上我们分别讨论了七大类九小类相关“他”字句的句法格式，下面来探讨这些句式的句法和语义限制。

（1）在望奎方言中，由于句末语气词“他”已演化成表使令、强调、将来、结果的语法标记，“他”原来所回指的成分，无论在句中出现与否，都不会受单复数、各类人称、具体或抽象等条件的限制。但一定是有定的，是交谈双方共享知识内的。

（2）动词：这些句式对动词的要求较为严格，除了口语性较强外，还有以下几点。

①处置性。

一般情况下，带句末语气词“他”的句子都强调动作行为给受事带来的某种影响，甚至有强制色彩，所以具有处置义的动作动词才能用于这些句式。但在望奎方言中有一种句式除外，那就是兼语句的一般形式“（施事主语+）让+兼语成分+动词（+了/补语）+他”，一些表心理感受的动词也可以使用，如：

明天上赛场了，你别让我失望他。

因为该句式中已含有表使然的“让”存在，所以对后面动词的要求就降低了。

②完结性。

这类句式中的动词性成分，一般都不能是持续性的，因为其强调的是一种终点和结果，是将要实现的，比如下面几例：

让瓦匠把天窗补一点儿他。（×）
让瓦匠把天窗补上他。
让孩子把日历挂他。（×）
让孩子把日历挂上他。

第一句中的“补一点儿”并没有表达动作的终点和结果，看不出完结点；而第二句中的“补上”有一个明显的动作行为的完结点，所以第二句成立。第三句中“挂”是一个持续性动词，而第四句中的动补结构“挂上”就通过趋向补语“上”为动词带来了结果（即完结点），所以第四句成立。还有一些瞬间动词，由于瞬间带来结果，所以也可用在这些句式中，如：

把灯关他。

这衣服明天我就买他。

③未然性。

由于语气词“他”可作将来时的语法标记，所以句中动词所代表的动作行为要求是还未发生的。值得注意的是，“未然”与前面所说的“完结”并不矛盾：“完结”对应的是“持续”，是动作本身的性质。而“未然”对应的是“已然”，它们针对的是时间。所以“完结”和“未然”是观察动作行为的两个角度，即将要完结的某个动作行为。如：

那些破东烂西**等会儿**扔了他。（未然）

那些破东烂西**前天**扔了他。（×）（已然）

第一句的“等会儿”表将来，“扔了”是完结式，整体代表将要完成的动作。第二句中的“前天”代表过去，“他”是将来时标志，所以该句不成立。

此外，表未然的“他”与表已然的“了”有时是互补分布的，二者加在单音节动词后都有完句的作用，“了”表动作行为已经完成（过去时），“他”表动作行为将要完成（将来时），如：

这衣服我已经买了。

这衣服我将要买他。

“他”的完句作用在一些句式中表现得更为明显，如一些不允许只有光杆儿动词出现的句子：

饭吃他！

你把饭吃他。

你让孩子把饭吃他。

除了完句，此处的“他”还可看作结果补语，代表“吃”这一动作行为将要完成，还有帮助单音节动词凑足一个音步的作用。

（4）其他。“他”以前是回指受事成分的，所以要求动词必须及物，但由于有的“他”复指功能失落，无所指代，所以句中的动词及物不及物均可，如“别让保姆走他。”中的“走”就不及物。但一些处置句除外，如“（主语＋）把＋宾语＋动词（＋补语／了）＋他”和“（施事主语＋）让＋兼语成分＋把＋受事宾语＋动词（＋了／补语）＋他”中动词就必须及物。除非是那种离合式的动宾合成词，如“你把婚结他”“你把澡洗他”等，其他情况必须是及物动词，如：

（×）你千万别把犯人跑他。

（×）你让他把小猫死他。

四、“他$_3$”和“他$_4$”的语法化对比

“他”在先秦的一些文献中是以无定的指示代词存在的，语义上旁指“别的、其他的”，这种用法在整个上古汉语中占主流，如：

如有一介臣，断断猗无他技；其心休休焉，其如有容。（周，《今文尚书》）

余左执鬼中，右执殇宫，凡百箴谏，吾尽闻之矣，宁闻他言？（春秋，《国语》，《楚语上》）

在魏晋时，“他”可用来旁指所有的其他人，指“别人、其他人”，如：

伏累之状，他己异情，空实殊见，殊实空，异己他者，入於滞矣。（六朝，《全刘宋文》）

处嗣既列庙飨，故自与代数而迁，岂容尝无阙，横取他子为嗣。（六朝，《全刘宋文》）

其实，在汉末到魏晋南北朝时期，“他” 旁指他人的用法就已从无定发展为有定，专门定指某个或某几个旁人，不再泛指，甚至有时接近第三人称单数代词用法了（可用于回指）。虽然大多数还在有定和无定中难以确定，但这毕竟是其发展为第三人称单数代词的一个重要转折点，如：

诸侯之妾为他妾之子无服，既不服他妾之子，岂容服君及女君馀亲？（六朝，《全刘宋文》）

妾有二子而出嫁，君命他妾兼子为其母，所命妾今亡，子当有服不？（六朝，《全刘宋文》）

在家人虽复饮酒啖肉，自破财产，不破他财，出家人饮酒啖肉，自破善法，破他福田，是则六不及居家人。（六朝，《全梁文》）

在唐宋时期，“他”作为第三人称单数代词的使用就很频繁、很成熟了，如：

以贞元十九年六月廿二日寝疾，薨於京兆府县仙游乡任袁村之别业，享年卅四。属时有他，故遂以其年八月十三日权窆於其乡薛良村之原。（唐，《唐代墓志汇编续集》）

我是何等人，彼为何等人，若是答他，却与此人等也。（北宋，《童蒙训》）

在唐中期以后，“他”还有了指物用法，包括非人生物、无生事物和抽象事件等，如：

遵别之情无极，业溥之道未宏，靡疲怀而利他，乃留想而禅已。（清，陆心源 辑，《唐文拾遗》）

我们所介绍的助词“$他_3$”和语气词“$他_4$”都是由“他”的第三人称代词用法语法化而来的。

（一）助词“$他_3$”虚化于受事名词的代词同位语

吴福祥[①]指出，表虚指的“他”在敦煌变文中就产生了，我们找到的文献语料如：

比来争竞，雀儿不能退静，开眼尿床，违**他**格令。（五代，《敦煌变文选》）

生来未省喜欢，见说三年一笑。觅**他**行步风流，却是赵土……（五代，《敦煌变文选》）

其实，“他”的这类用法在唐代已不是少数，如：

行者若於欲界未到定地，於此定中身心虚寂，忽然见**他**男女身死，死已膖胀烂坏，虫脓流出，见白骨狼藉。（唐，佛语录，《小止观》）

下面是元代的用例：

① 吴福祥：敦煌变文语法研究，长沙：岳麓书社，1996年7月，第18—23页。

人去阳台，云归楚峡。不争他江渚停舟，几时得门庭过马。（元，戏剧，《倩女离魂》）

最初这种用法的“他”与谓词后的名词性成分是同位语的关系，如：

大阵七十二阵，小阵三十三阵，阵阵皆输**他**西楚霸王。（五代，《敦煌变文选》）
贱奴并不怨恨**他**别人，只为道安上人说法总不能平等。（五代，《敦煌变文选》）

此时，“他”是动词后名词性成分的复指成分，也属于动词的宾语，与名词性成分一起作动词的受事，如上例中的“他”就分别复指“西楚霸王”和“别人”，作“输”和“怨恨”的宾语①。所以，这个位置的“他”最开始有所指代，“他”的存在可能是为了强调所复指的名词性成分，也可能是为了语言的经济性，说话者最初用“他”来指称某名词性成分，但出于对方理解的需要，又在后面补充上了这一名词性成分。但“他”所在的“动名之间”的句法位置，特别容易虚化为动词的后助词，不再作动词所支配的宾语，而变成动词的后附成分，强调动词所代表的动作行为，加强全句的语气。这种虚化的用法在宋代有很多，如：

检尽历头冬又残。爱**他**风雪忍**他**寒。（南宋，诗词，《朱敦儒词》）
来相召、香车宝马，谢**他**酒朋诗侣。（南宋，诗词，《李清照词》）
寸珠片玉，争似此、浓欢无价。任**他**美酒，十千一斗。（北宋，宋词，《柳永词》）

这种句式后面的名词性成分既可指人、指物，也可指抽象的动作性状，如：

怎敌**他**晚来风急。（南宋，诗词，《李清照词》）
俊的是庞儿俏的是心，更待褒弹甚，掺土也似姨夫斗侵，交**他**一任，知音的则是知音。（元，小令散曲，《元散曲》）

这时“他”只是处在名词的复指成分的位置上，但意义已变得无所指代。黏着于动词后，除了强调，有时还为了协调韵律。“他”以前是旁指代词或第三人称代词，与处于对话中的“你”“我”相比，关系比较疏远。在隐喻机制的作用下，即使是虚化后，“他”的这种意义仍有所滞留，即含有“不在乎 / 理会、自由随意、轻易完成（达到某种尽兴的程度）”的色彩义，如“挣他一个亿”。

（二）语气词“他$_4$”虚化于处置式中的回指代词

在古汉语中，代词回指现象非常常见，通常是在连动结构中，用第一个动词把宾语提前，然后在第二个动词后用“之”来复指前面动词的宾语，如：

三人行，必有我师焉！择其善者而从之，其不善者而改之。（春秋，《论语》）
务民之义，敬鬼神而远之，可谓知矣。（春秋，《论语》）

处置式的标记“把”在唐宋期间还未彻底虚化，作为动词也常用于连动结构中，存在代词“之”复指其宾语的情况，组成“（把 + 宾语）+（动词 + 之）”的结构，如：

将喻一生身，须臾即不见。上来说喻要君知，还把身心细认之。（五代，《敦煌变文集新书》）

① 由于“西楚霸王”和“别人”都是第一次被提到，所以“他”不是指“其他的”。

西王母将桃五枚，来在殿上奉帝：帝食桃，手把其核如不弃之。（五代，《敦煌变文集新书》）

荆轲奉图而进于王，图穷而匕首见，因把王袖而揕之。（北宋，史书，《资治通鉴》）

暂经沸汤即出，多与盐，二升暖汤合把手按之。（南北朝，农书）

“把”虚化为介词后，当强调对某人、事、物加以处置时，就会用“把”将宾语提到动词前，在动词后再用“之”来复指这一宾语。

当“他”由无定代词发展为第三人称代词后，在某些方言中，处置式中复指“把”字宾语的任务由“他”来承担[①]。同时，“他”也承担了全句的祈使和强调语气，如：

把儿子抱过来他。

“他”虽然在句意的理解上比较多余，但由于有所指代，还属于代词用法。由于处于句尾位置，具备了虚化为语气词的基础。

有时，“他”的复指对象为复数形式和第一、二人称，与“他”不协调，如：

你把那几个调皮鬼拽过来他。

我要把你气死他。

另外，“把”的宾语也会话题化，移到“把”的前面，此时“把”后需要用代词来复指已前移的原宾语，而句末的“他”变得无指，只是为了表达祈使和强调的语气，其虚化为语气词的可能性增加，如：

儿子把他抱过来他。

甚至在一些非“把”字句的不及物动词后，也会出现“他”，如：

你别让小偷跑他。

你去死他。

这时“他”的指代功能已彻底失去，变为轻声，在句末虚化成语气词，成为一种表祈使和强调语气的语法标记。

五、小结

本节根据“他”在句中出现的句首、句中和句末位置将“他”字句分三种情况介绍。其中句首回指用法两类、无指用法两类。句中的助词用法四大类 12 小类。句末语气词用法七大类 11 小类。这个分类标准是从普遍意义上说的，虽然有一些例外（如“（施事主语 +）让 + 兼语成分 + 动词（+ 了 / 补语）+ 他 + 得了 / 算了”中的“他”并未在句末），但却是极少数情况。而且相比于其他标准，这种分类标准要相对准确和易于理解，准确在于除了根据句中位置来划分外，同时也参照了词性标准。易于理解在于文章的纲目相对清晰些，最主要是减少了很多交叉现象的产生。望奎方言只是一个观察视角，“他”的各类虚指用法、无指用法、虚

① 在现代汉语普通话中，处置式中的“把”字宾语不需要再用任何代词来复指。

化用法，在各方言区还有很多值得我们关注之处，有更多句式有待我们去发掘，本书只是一个参考。

第四节 “让”字句

在望奎方言中，有三类“我让你（给我）VP”句，一是表致使义，如“我让你（给我）买水果”，二是表被动义，如“我让你（给我）吓着了”，三是与“致使”义有强烈反差的“制止”义，如“我让你（给我）不听话”。值得注意的是，这三类“我让你（给我）VP”句中的“给我”也有三种用法。一种表达了说话人极强的意志和命令语气，与“给”连用后，“我”不是动作的受事或介引的对象，而是与“给”凝合为一个固定成分，带有某种强制性，语气较强，表达一种不容反驳、不能违抗的意味，将其标记为“给我$_1$”。一种“给我”是介宾短语，介词“给”引进动作的接受者（多数是受益者），多表达“寻求帮助”义，相当于“为我”，语气较为缓和，整体位于动词性成分前，记作“给我$_2$”。有时，“给”引进的“我”并不是动作的接受者，而只是动作的对象（“向我、对我”），也有少数受害者或受影响者，我们也记作“给我$_2$”。还有一种“给我”也是介宾短语，“给”是介词“把”的意思，“给我”表对“我”进行的一种处置，后面接动词性成分，记作“给我$_3$”。

与普通话不同的是，在表被动义时，普通话除了用介词“让”外，还使用“被、叫、给”。在表致使义时，普通话除了使用使令动词“让”外，还使用“叫、使、令”。它们与“让”之间是使用频率上的不同。而在望奎的方言口语中，无论是表被动义，还是表致使义，几乎只使用“让”，不使用另外几种形式，它们之间是使用与否的区别。这就导致方言中带“让”的“我让你（给我）VP”句本身就比普通话多，另外：①在意义上，表致使义的四种“让”形成了四种句式义；②在形式上，表被动义的“让”有五种扩展或省略式；③方言中又多出一个表制止义“让”的用法；④“给我”共有三种用法，这就形成了多种“形式与意义”不对应的复杂情况，需要我们从内部结构、语义功能、用法、扩展式与缩省式、否定形式等多方面条分缕析地对“我让你（给我）VP”句进行细致的描写和辨析。

一、表致使义“让”字句

（一）“我让你（给我）VP”句的结构要素

致使义的“我让你（给我）VP”句可以看作主语“我”后面跟上一个复杂的谓语结构，如“我让你（给我）买水果”的谓语部分是“让你（给我）买水果”。也可以看作“兼语句”这一大类句法结构中的一个小类别，以兼语成分“你”为界，句子内部可以分为前项、后项两部分，这两部分各可以看成一个独立的小句形式。“我让你买水果”的前项是“我让你”，后项是“你买水果”。下面我们具体分析“我让你（给我）VP”句前后项的构成要素。

一类情况是，前项表达的是致使者“我”与被使者“你”之间的致使关系，它们之间的

“让”可表多种致使义。

（1）代词“我”：既是前项的主语，也是全句的主语。如：

我让你（给我）买水果。

能听到我说话吗？让你（给我）买水果。（“我”不出现）

作为前项的主体，主要是对被使者施加某种作用力。与物相比，当由表人的“我”来充当时，一般存在的意志、施加的力会更强，如在“我让你（给我）买水果”中，“我”对后面被使者的动作是有支配、关涉性的。而物施加的力会比较弱，如在“他的工作让你羡慕”中，“他的工作”可看作一个事件，只是后面“让你羡慕”产生的原因，并没有意志性。此外，“我”在一定语境下可省略，如“让你买水果”就由于上文语境“能听到我说话吗？”而省略了主语“我”，前面是一个祈使句的形式。

（2）“让”：在表致使义的“我让你（给我）VP”句中，“让”是使令动词，就是前面提到的“施加的作用力”，在方言中共有四种意义，下文我们会详细介绍。

（3）代词“你”：作为作用力被施加的对象，“你”是前项谓词“让”的宾语、后项谓词部分VP的主语，在全句充当兼语。

作为VP的主语，“你”是动作的发出者或状态的持有者，如果支配性很强，一般不会省略，如“我让你买水果”中的“你”，对“水果”进行支配、关涉，此时的“你”就不能省略。而对于支配性很弱的“你”，有时可以省略，如“我让（你）寻思寻思”，“寻思”是心理动词，动作性很弱，“你”的支配性也变弱，这时无须知道“你”是谁，“让”可与“寻思”直接组合，句子的强调重点是具体的动作及其结果。

另一类情况是，后项表达的是在致使者“我”的作用下，被使者“你”动作或状态产生的新变化或某种结果。

（4）“给我”：综合来看，这种句式“给我$_1$”“给我$_2$”“给我$_3$”都可使用，但具体在哪种情况下使用，要结合下面我们将谈到的语义来分析。

（5）VP：主要作后项的谓语部分，指在前面“作用力”的影响下，“你”产生的动作行为或某种状态，主要由一些谓词性成分充当，如：

我让你（给我$_2$）讲解，我自己弄不明白。（光杆儿动词）

我让你（给我$_1$）掂量掂量，今后的路咋走。（动词重叠）

一个孩子能说出这样的话，我让你（给我$_1$）慢慢反省。（状中短语）

妈我送你这儿来了，我让你（给我$_1$）伺候好！（动补短语）

又要投票了，我让你（给我$_2$）点个赞啊。（述宾短语）

每天要多喝热水，我让你（给我$_1$）身体壮壮的。（主谓短语）

心里别瞎想，我让你（给我$_1$）舒舒服服。（形容词）

多看看书，我让你（给我$_1$）了解这个世界。（小句）

此外，这类“我让你（给我）VP”句的否定形式是在“让”前加“不”或“别”，“不”表示对对方的禁止，如：

我不让你（给我$_1$）玩手机。
我不让你（给我$_2$）买水果。

“别”通常表示对自己的提醒或警告，如：

我别让你（给我$_2$）再担惊受怕。
我别让你（给我$_1$）黑灯瞎火的看书。

（二）“我让你（给我）VP”句的语义内容

在望奎方言中，由于表致使义的“让”语义的不同，“我让你（给我）VP”句也有四种不同的句式意义。

1.“让”表役使

这种格式的“我让你（给我）VP”句后项谓语 VP 多是动词性成分，因为“让”表役使、命令，它前面的使令发出者“我”和后面的使令接受者“你”都是人，“我”是“让”的发出者，有很强的自主性和意志性。“你”是“让”的支配者，后面动作 VP 的发出者。例如：

我让你（给我$_1$）赶快向客户赔礼道歉。

在表“役使”的句子里，“给我$_1$”“给我$_2$”“给我$_3$”都可使用。如果句子不加“给我”，只是“我让你 VP”的形式，VP 前经常会用助词“给”来标记，对 VP 加以强调，变为“我让你给VP”的形式，如：

我让你给听明白了，别再让我给重复。
我让你给站直了。

2.“让”表致使

这种格式的“我让你（给我）VP”句后项谓语 VP 既可以是动词性成分，也可以是形容词性成分，一般表某种状态或某种结果。是前项的“我”导致后项的“你”某种状态或结果的产生。由于表“致使”，使役性较弱，句子一定不要加入表强意志性的“给我$_1$”。由于是“我致使你”后的 VP 多是表“你”如何如何，如果与“我”相关，应该是“为我”做出怎样的贡献，不能是对“我”进行了某种处置，所以只能是“给我$_2$”，不能是“给我$_3$”，例如：

我让你（给我$_2$）花了那么多钱。
对不起，我让你沦落成今天这样儿。
我让你反应变得很灵敏，是是？
这次来你这儿，我让你奔波得不行。

3.“让”表允许

这种格式的“我让你（给我）VP”句，如果后项谓语 VP 是动词性成分，整体的句式意义就是“我允让你做某事”。如果后项谓语 VP 是形容词性成分，整体的句式意义就是“我允许你保持某种状态”。“让”在这里主要指人为主观意志的许可，而不是客观条件上允许。表“允许”的句子“给我$_2$”“给我$_3$”都可使用，例如：

你要实在想来公司，我让你（给我$_2$）浇浇花、养养鱼，涉密文件不能碰。（主观）
爸，我不烦乎讨厌你了，我让你（给我$_3$）举高高。

4.“让”表任由

这种格式的“我让你（给我）VP”句表任凭某动作的发生、某状态的存在、某结果的产生，人为地让步，不去干涉，役使的意味最弱。表“任由”的句子多消极意义，通常使用表处置义的“给我$_3$”，例如：

我让你（给我$_3$）这么欺负住了，怎么可能？

该意义的“我让你 VP”句还经常与“把”字句兼用，表一种处置，变为“我让你 + 把 NP+给 +VP”，如：

我让你把我给这么欺负住了，怎么可能？

二、表制止义“让”字句

方言中还有这样一种用法，“我让你（给我）VP”句在形式上是表役使或允许的意义，实质上表达的却是禁止的意义，这两种意义虽然处于两个极端，但主观意志都很强。例如：

我让你（给我$_1$）听话！（役使）
我让你（给我$_1$）不听话！（禁止）

两句表达的是同一个意思，前句比较容易理解，后句则需要通过特定的语气语调、重读“让”、说话时伴有的一些副语言符号、语境等来帮助理解。总之，表达的是禁止义，“我”不让/不准许“你”从事 VP 的动作行为或产生某种状态。“我让你（给我$_1$）不听话！”指不允许你不听话，“我让你（给我$_1$）懒，胖了吧”指“我”不要“你”懒，“我”希望“你”朝着相反的方向去行动。在实际的方言口语中，用特定的语气语调或成熟的语境让“你”解读出说话者的主观意愿，了解到自己的动作行为或状态并不是“我”能够允许的，最终“我”就实现了此次交流的目的。再如：

你喊你喊我让你（给我$_1$）喊！（表达禁止：我不允许你喊）
这孩子，我让你（给我$_1$）犯驴！（表达警告：我不允许你耍脾气）
我让你（给我$_1$）背后使坏！（表达反击：我不允许你背后使坏）
我让你不听我的，这下好了吧？（表达讽刺：你本应该听我的，真活该）

从字面理解，这些句子的意义明显是不成立的，但具体到语境，“让”原本的“允许”义被重新解释成“制止、禁止”义，交谈双方都能领会到这样的反话意义。句子的真正含义是“我”试图改变“你”的动作或状态，是可以被听话者理解的。

该格式的“我让你（给我）VP”句中各成分都要受到一定的限制。

由“我”充当的致使者，“我”可省略，如：

让你（给我$_1$）喊。

让你(给我$_1$)犯驴。

让你(给我$_1$)背后使坏。

这样的表达更为直接。“我”还可由“谁”来代替,但此时带有疑问语气,并不属于我们所谈的这种格式意义,而且用得稍少一些。“谁”也不能省略,如“谁让你(给我$_1$)喊!”不能省略为“让你(给我$_1$)喊!”,前句有质问的语气,而后句则是“我让你(给我$_1$)喊!”的省略式,有制止的语气。

除了“你”,被使者还可由“你们”充当,很少有其他情况,如:

我让你(给我$_1$)不洗手。

我让你们(给我$_1$)抽烟。

句中的“我”和“你”“你们”形成了直接的对立,制止意味明显。

VP 通常都是表消极意义或中立意义的词语,而且自主、可控性很强,如“写、闹、跑、懒、坏、狡辩、马虎、白吃白喝”等。不能是积极向上的词语或不可控性词语,如“上进、丑”等。VP 可以是光杆儿动词或形容词,也可以是一个短语形式,如:

我让你(给我$_1$)欺负老实人!

我让你(给我$_1$)没事儿瞎琢磨!

但通常都较为简洁,不会过于复杂。

“给我”:由于表禁止义的“我让你(给我)VP”句主观意志都很强,会经常与同样表强意志性、强命令性的“给我$_1$”连用,很少使用引进动作对象或处置对象的介词短语“给我$_2$”“给我$_3$”。

状语这一限制性成分在该式中出现得不多,通常是位于 VP 前,如:

我让你(给我$_1$)天天打游戏。

比较特殊的是“再”,既可出现在“让”前的句法位置,也可出现在 VP 前的句法位置,如:

我再让你(给我$_1$)放学不回家!

我让你再(给我$_1$)放学不回家!

两句“再”的语义都指向后面的 VP“放学不回家”。

在该句式中,由于“我”对“你”的动作行为或状态是极为不满的,涉及说话者的立场、态度和感情,句子就带有一定的“主观性”。也正是由于这种主观因素的增加,使“让”的“允许”义向相反的方向进行表达,带有明显的“制止、禁止”义,这样,“我让你(给我)VP”句就由一种结构形式来承担两种相反的语义内容。由于属于一种比较极端的形式,该句式没有否定句。

与表“致使”义不同,表“制止”义的“我让你(给我)VP”句不能省略 VP 的主语“你”,即使是“你”的支配性很弱,也不能说成“我让(给我)VP”的形式。由于句式中的“给我$_1$”表强命令性和意志性,一般整体使用,所以“我”也不能省略,不能说成“我让你给 VP”(我让你给不听话)。此外,这个"我让你(给我)VP"句也不能扩展加入"把"字结构,不能说成"我让你(给我)把 NP+VP"的形式。

三、表被动义"让"字句

我们知道,表"致使"义的"我让你(给我)VP"句因为"让"的四种不同意义使句法结构承担了四种不同的意义,而表被动义的"我让你(给我)VP"句就只有这一种意义,其中的"让"是表被动的语法标记。

(一)"我让你(给我)VP"句的结构要素

(1)人称代词"我"为全句的主语,动作行为 VP 的受事成分。如:

谢谢大夫,我让你(给我$_2$)把不整齐的牙齿纠正过来了。

通常情况下,"我"作为受事主语,处于话题的位置,并不是句子主要叙述、描写的部分,如果语境提供的信息量足够充分、交谈对象相关的知识储备丰富,有时是可被省略的。例如:

让你(给我$_3$)喷了一顿,真是的。

(2)第二人称代词"你"为"让"的宾语,即被动标记"让"引出的动作 VP 的施事成分,位于主语"我"和动作 VP 之间。如:

我让你(给我$_3$)逗得乐呵呵。

如果没必要把施事说出来,那么"你"也可被省略,"让"标记在动词性成分前,与 VP 直接结合,如"你遇到歹徒了?我让(给我$_3$)吓坏了",就省略了无须说出来的"你"。而在普通话中,表被动义的"我让你(给我)VP"句中"让"是不能与动词性成分直接结合的,如果施事成分"你"并不明晰,一般由表泛指的别称代词"人"承担,例如:

我让人给整蒙了。

(3)"我让你(给我)把 NP+VP"句是由介词"把"引入 NP,二者组成介宾短语,表一种处置。句式中动词 VP 涉及两个受事:"我"为间接受事,在句中作主语,NP 为直接受事,是"把"的宾语,"我"与 NP 之间具有广义的领属关系,NP 属于"我"。例如:

我让你(给我$_2$)把脸气歪了。
我让你(给我$_2$)把不整齐的牙齿纠正过来了。

句中"我"属于间接受事,"脸""不整齐的牙齿"属于直接受事,前后存在领属关系。

(4)动词性成分 VP 不能是光杆儿动词,不能说"我让你(给我)打。",需要有修饰成分、补充成分或附加成分等。例如:

我让你(给我$_3$)狠狠撞倒了。(状中结构)
我让你(给我$_3$)打瘸了。(述补结构)

妈，我让你（给我$_3$）饿了一顿。（述宾结构）
我让你（给我$_3$）关了三年。（述宾结构）
你那儿是卖家？我让你（给我$_3$）抽中过。（后加助词）

“我让你（给我）VP”句的否定形式，是在主语“我”与“让”之间插入否定词“没、别”等，前者是向对方陈述一个客观事实，后者是对自己的提醒或警告，例如：

我没让你（给我$_3$）吓着。
我别让你（给我$_3$）吓着。

（5）“给我”：由于句子的被动意义，很少使用强意志性和强命令性的“给我$_1$”，而是表动作行为对象或处置对象的“给我$_2$”和“给我$_3$”。

（二）“我让你（给我）VP”句的其他格式

“我让你（给我）VP”句还有两个省略形式“我让你 VP”“我让 VP”，它们都是由单独一个被动标记“让”组成，前者“让”标记施事“你”这个人称代词，它们组成的介词短语位于动词前作状语。后者“让”标记动作 VP，就是说在望奎方言中，表被动的“让”可以直接和动词性词语结合。二者如：

我让你气笑了。
我让气笑了。

“我让你 VP”句还可扩展为“我让你给 VP”，除了被动标记“让”外，还有虚化的助词“给”，位于施事后、动词性成分前，标记这个动词性成分，表一种影响。“我让你给 VP”句还可用介词“把”引入另一受事 NP，变为“我让你把 NP 给 +VP”，该式除了被动标记“让”外，还含两个语法标记，即这一句式是由三个语法标记“让”“给”“把”组成，“让”所标记的被动式居前，“把”所标记的处置式居中，助词“给”标记动词且居后，但一定位于动词前。这两种句式如：

我让你给说晕了。
我让你把头给说晕了。

如果把“我让你把 NP 给 VP”句中的“给”后加上“我”，就变为“我让你把 NP（给我）+VP”句。由于“我”的引入，“给”由助词变为介词，介引动作行为的对象。同时，这个谓词性成分 VP 前的“我”，也复指前面的受事成分“我”，相当于把受事主语又强调了一次。该句在方言中经常被说成“我让你（给我）把 NP+VP”，口语性极强，例如：

我让你（给我$_2$）把不整齐的牙齿纠正过来了。

（三）“我让你（给我）VP”句的语义内容

在“我让你（给我）VP”句的语义上，我们需要注意三个问题。

（1）在扩展式“我让你（给我）把 NP+VP”中，“我”与 NP 有广义的领属关系，但却是由

“把”引入的NP，还有一种不用“把”引入的形式“我让你（给我）+VP+NP”，NP直接作VP的宾语，这种在望奎方言中不成立，例如：

我让你（给我$_2$）把头绕晕了。（√）
我让你（给我$_2$）绕晕了头。（×）

后句的动词性成分“绕晕”后的宾语“头”与主语“我”也有领属关系，在普通话中经常出现。主语“我”和宾语“头”都是动作行为的承受者，宾语和主语是部分和整体的关系。

（2）与普通话的被动句一样，“我让你（给我）VP”的格式多表“不如意、遭受、承受”的意义，但也有表“如意、积极”的意义，如：

我让你（给我$_3$）吓坏了。（表遭受义）
我让你（给我$_3$）整得又困又累。（表承受义）
我让你（给我$_3$）逗得乐呵呵。（表积极义）

（3）表被动义和表致使义的“我让你（给我）VP”句很容易出现歧义，例如：

我让你（给我$_2$）抓住头发。（被动句，表“我被你抓住了头发”）
我让你（给我$_1$）抓住头发。（致使句，表“我命令你抓住你自己的头发”）

除去依赖语境因素来鉴别两句的意义外，还可以考虑主语“我”与谓词性成分VP之间的关系。如果二者在语义上有某种关系，该句通常为被动句，如上句“我让你（给我$_2$）抓住头发。”中，动作“抓”的受事是“我的头发”。如果主语“我”与谓词性成分VP之间无任何关系，则该句是致使句，如“我让你（给我$_1$）抓住头发。”中，“抓”的受事不是主语“我”，而是“你”。

四、小结

“我让你（给我）VP”句是一类非常有代表性的望奎方言句式。首先，“让”无论是作为使役动词，还是作为表被动义的介词，在数目上本身就超过了普通话中的其他同类词语，这让各种类型的“让”字句一枝独秀。其次，如果句式中再融入有三种用法的“给我”，就更增加了区分该句式意义的难度。如果按数目来统计，望奎方言中表致使义的“我让你（给我）VP”句共4大类7小类，表制止义的有一类、表被动义的有两类，共计10小类。可以说有非常多的意义类型。如何区分它们，除文中所提的部分方法外，还需我们从更多角度进行辨析，这也是接下来我们要研究的课题。

第五节 疑问句

疑问句是表达疑惑和提出疑问的一种语言表达方式，其疑问信息主要通过上升的语调、疑问语气词或疑问代词来负载。其中“上升的语调”主要针对的是非语气词型是非问，其他类型的问句只有强调时才呈上升语调。“疑问代词”主要针对的是特指问，我们在前面“代词”一章有所介绍。“疑问语气词”中需要注意的是，方言中只有“吗”“吧”“哈”才是真正的疑问语气词，负载疑问信息。“哈[xa· / xa˥]”是望奎方言口语中常见的一个疑问语气词，轻声形式主要用于是非问句末，在语音和语法上分别黏附于前面的音节或语言单位。非轻声形式与前面的语言单位间一般也没有停顿，有时也可用标点符号与前面的句子隔开，“哈？”便独立成句，作为叹词表达疑问。“哈”主要表征询、求认同，语气较为委婉，疑问程度较低。“呢”不是疑问语气词，不负载疑问信息，只表一种提醒。“呢”“吗”有互补性，“呢”排斥是非问句，“吗”排斥特指问、正反问和选择问句。此外，“啊”及其变音形式“呀、哪、啦、哇”也不是疑问语气词，在疑问句中主要传达的是说话者的某种态度、情感和语气。在方言口语中“啊”及其变音形式的使用范围比普通话稍窄，在选择问句、特指问句、正反问句中用“啊”的情况相对少些，例如：

谁？（望奎方言）——谁呀？（普通话）
你行不行？（望奎方言）——你行不行啊？（普通话）

这样语气更直白一些。而是非问句中的“啊”及变体则与普通话相同，例如：

——你买那个，你买那个名牌的呗。——澳柯玛的啊？
——嗯呐我看着过，火山小视频就有（制作豆角丝的小工具），八块钱一个。
——是哇？你买了。

目的是为求证实，前句是“求同＋求证”，后句是“揣测＋求证”。下面我们分别对望奎方言中四种类型的疑问句进行介绍。

一、是非问句

是非问句一般与陈述句的结构相同，只是后加疑问语气词或把陈述语调改为相应的疑问语调，来表达询问、推测、征询或求证等意义，有真性询问也有假性询问，有时需要听者作出肯定或否定的回答[①]。望奎方言的是非问与普通话大体相同但稍有差别，主要有以下两种基本格式。

A. 语调型是非问句

这种类型问句的句末通常呈上升语调，其疑问点在语调上，可表疑问义，也可表求证义。其否定形式是把否定词放于谓词前。例如：

——我一宿没睡。——一宿没睡？（通过重复对方的话表质疑，无须作答）
——园子都出水了？——哎呀妈呀，（下雨）下一宿。（依赖语境，求证实）

B. 语气词型是非问句

这种类型问句的句末语调升降均可，其疑问点通常在句末的疑问语气词上，除了与普通话相同的“吗”“吧”外，方言中还包括其他一些语气词，其格式主要有以下几种。

---

① 望奎方言中各类型是非问句的肯定、否定回答形式与普通话大体相同，不同之处后面会专门介绍。

（一）陈述句+吗/么

在望奎方言中，同为疑问语气词的“吗”和“么”在意义和用法上还是有区别的，以下我们分别介绍：

1. 陈述句+吗

A. 单纯表“询问”，例如：

——能晒干吗？——潮乎的，现在还潮乎的呢。

——哦，这顶上写着呢，是容积吗？——容量，啊。

——下雨呢吗？我这儿星了星了下雨呢。——我这也是，园子出水了。

——你冻了吗，你晒了吗，没工夫儿。——要等到立秋以后没有雨前儿（的时候）再晒，早。

B. 表“询问+求证”，同时包含了说者自己的想法，例如：

那种苦现在这孩子能吃吗？

——现在种还能再长大了吗？——能。

豆角这老多（都冻上）你能吃了吗？

——还能卖两万，还能吗？——能，能。

否定形式的问句通常也表“询问+求证”，疑惑语气更强些，例如：

——是不没烧火啊。你在炕上睡床上睡呢，不烧不潮吗？——不潮，电褥子。

——你穿啥哪，不热吗？——不热啊，冷。

（上哪儿买去，）不五金（用品商店）吗？

C. 上半句先陈述一个事实，后半句追加“是吗？”或“行吗？”，表“询问+求证/征询/推测”，在望奎方言中通常不说“好吗？”，例如：

——你那啥啊，还上哪儿整棚子去啊，不种那露天地儿，是吗？——啊，我大棚坏了，木头棚子，原来整那个。

2. 陈述句+么

方言中“么”主要表询问，其意义与用法与“吗”稍有差别，首先是上面的A、B中的“吗”都可换成“么”。因为“么”表说者对答案已经有了大致估量，所以与B中的“吗”互换后意义没差别。在A中单纯表“询问”时，“么”的疑问语气稍弱，语气比“吗”要舒缓。但上面的C如果换成“么”，就有了不满的意味在其中，试比较“你小声点儿，行吗？”和“你小声点儿，行么？”，“咱俩一块堆儿去，是吗？”和“咱俩一块堆儿去，是么？”，后者说话人用较为舒缓的语调表达不满的语气。

（二）陈述句+吧

“吧”表询问的功能弱，表揣测的功能强，主要附在陈述句末表对前面所述内容信大于疑，需要对方证实。有时还表征询意见的语气，例如：

你是老李二哥他老姑吧？（揣测＋求证）
——（豆角）卖了吧？——不的（[ti·]）啊，白瞎了，也不值钱。（征求意见）

（三）陈述句＋哈

如前所述，在句末带疑问语气词"哈"的是非问句中，"哈"能独立承载表征询、求认同的疑问信息，只是疑问语气较弱，语意也较委婉，属于假性询问。尹世超（1999）认为"哈"是"明知故问""以信求信"，属"求是句"和"求同句"①，一般属于对对方交流内容关键点的确认式回应。例如：

那咱俩今晚就吃烧烤了哈？（表征询）
五金商店是在三百（第三百货商店）那儿哈？（求认同）
——我今年69了，身上一点儿毛病没有。——69哈？（重复表确认）
——这两天搁家待得都长肉（胖）了。——长肉了哈？（重复表礼貌）

还有一种"陈述句＋标点符号＋哈[xa˥]＋称呼语"的是非问格式，"哈"相当于"你也一定认同吧"，例如：

这孩子能考个挺不错的大学，哈老师？

打破了正常语序，其"求是求同"的语气更为强烈。

叹词是独立的语气词，"哈[xa˥]"还可构成独词句，以叹词身份表疑问，可以是表征询、求认同或表追问，例如：

我吃得不少吧，哈？（求认同）
他是不是已经符合咱们单位的要求了，哈？（表追问）

"哈？"相当于把前面的问话又重复了一遍。

（四）陈述句＋咋的

在望奎方言中，"咋的"也可充当一个句末语气助词。

在望奎方言是非问句的答语中，肯、否定形式大体与普通话相同，肯定回答主要有"啊""是""对""行""能""有"，否定回答主要有"不是""不对""不行""不能""没有"等。此外，还有一些比较有特点的回答形式，如肯定回答使用"嗯呐、嗯呐呗、没跑儿没错、谁不说、就说是"。否定回答有时使用"不的[ti·]不是这样"等，要注意其与"别的[ti·]别这样"的区别：在单纯表询问的是非问中很少使用"别的"，但如果有征询意见的意义在其中，可以使用"别的"表劝阻。另外，"哈"是非问句作为"求是句"或"求同句"，一般只需要作肯定式回答，作否定式回答的情况相对较少。

二、正反问句

正反问是属于真性询问的疑问句类型，最基础的形式是将谓语或部分谓语的肯定形式

① 尹世超：《说语气词"哈"和"哈"字句》，《方言》，1999年第2期，第95—103页。

（X）与否定形式（不 / 没 X）叠加在一起，要求对方二选一，在形式上类似于选择问。叠加的肯定与否定形式就是其疑问点。望奎方言正反问句的几种格式如下。

（一）X 为谓词不带宾语或补语的情况

1.X 为单音节动词或形容词 A

只有一种形式：A 不 / 没 A？（简化形式为：A 不 / 没？）

2.X 为双音节动词或形容词 AB

望奎方言基本不用"AB 不 / 没 AB"和"AB 不 / 没 A"这两种形式，前者是发音人认为比较啰唆，后者是因为方言中带后缀的动词、形容词相对较多，能拆开使用的少。而且具有动宾关系的离合动词、一些能愿动词和一些能拆开使用的形容词，方言中习惯保留后半部分的完整性，多使用"A 不 / 没 AB"的格式，简化形式是"AB 不 / 没[①]"，例如：

墙上那老泥咔没咔哧刮、铲下来？
我儿子吃东西虎不虎势猛、有力？
一人儿给你俩买个靴子，记不记得了？
我拜托你那事儿，你打听没？

（二）X 为谓词带宾语的情况（宾语记作 O）

其完整式，无论是单音节谓词的"A+O+ 不 / 没 +A+O"还是双音节的"AB+O+ 不 / 没 +AB+O"，方言中基本都不用。与不带宾语或补语的情况一样，比较经济的简略式方言中一般使用"A+ 不 / 没 +A+O""A+ 不 / 没 +AB+O"和"A+O+ 不 / 没""AB+O+ 不 / 没"，基本不用"A+O+ 不 / 没 +A""AB+O+ 不 / 没 +AB"式，例如：

你捏没捏小侄儿脸蛋儿？
没写完作业，你妈呲没呲嗒批评你？
车坏了，一起挤公交不？
你杵咕搅大酱没？

有时，O 还可以是谓词性成分，例如：

你告没告诉检查？

在望奎方言的正反问句中，带"不"和带"没"是有区别的。例如：

没写完作业，你妈呲不呲嗒你？
没写完作业，你妈呲没呲嗒你？

带"不"的问句侧重于对未来将发生事情的询问，询问内容是客观事实，陈述性较强。带"没"的问句侧重于对过去已发生的事情的询问，询问内容较主观，判断性较强。又如：

---

① 望奎方言中简化形式无"AB 没有？"的形式。

老房子□［xA∨］悠$_{摇晃}$不啊?

老房子□［xA∨］悠$_{摇晃}$没啊?

带“不”一般指其固有的、习惯性的特点，带“没”通常指一些偶然性的特点。

望奎方言口语中常用的“A(B) 不/没”“A(B)+O+ 不/没”，还有两种特殊形式，一种是“不”后附“的［ti·］”，一种是“不/没”后附“啊”，构成“A(B)不的”“A(B)+O+ 不的”和“A(B)不/没啊”“A(B)+O+ 不/没啊”几种形式，例如：

给你糖了，还尿叽(事儿多)不的?(“不的”可换成“吗”)

孩子还咽巴奶嘴儿不的?(“不的”可换成“吗”)

你吃婆婆丁不啊?(“不啊”可换成“吗”)

老板又横楞$_{斜眼看}$你没啊?(“没啊”可换成“了吗”)

相比于原来的形式，加“的［ti·］”或“啊”在意义上稍有不同。首先是加上二者后的方言色彩更浓。其次，“不的”带有商量、委婉、轻松随意的语气，“不啊”“没啊”带有关切或商量的语气，感情色彩更浓些。在声调上，原来呈上升语调的“不”和“没”，连读后“不的”“不啊”“没啊”就变成了下降的语调。

(三)X 为谓词带补语的情况[①]**(补语整体使用的记作 C，双音节的记作 cd)**

当 C 为趋向补语，格式为“A 没/不 AC”或“AC 没/不”，如：

你蹽进去没?——你蹽没蹽进去?

当 C 为状态补语，格式为“A 得 c 没/不 cd”或“AC 没/不”，如：

车开得颠嗒不?——车开得颠不颠嗒?

当 C 为结果补语，格式为“A 没/不 ABC”或“AC 没/不”，如：

湿衣服拧嗒干没?——湿衣服拧没拧嗒干?

当 C 为数量补语，格式为“A 没/不 Acd”或“Acd 没/不”，如：

衣服洗一过儿没?——衣服洗没洗一过儿?

(四)望奎方言中还有一类“A 不 A”格式，有些是用来征求对方意见的

其中不能独立使用的如“要不要……?”，相当于一些正反问的简略形式“……不?”(要不要进来看看? = 进来看看不?)。能独立使用的如普通话中的“好不好?”，方言中一般说成“行不行?”“成不成?”或“行行?”“成成?”。还有一种最常见的“是不是?”句，已凝固为一个结构，如“那豆角儿可厚了，是不是?”，相当于“对不对?”，其询问的目的是求证实。与“她是不是老师?”中的“是不是”不同。

---

① 为叙述方便，我们不考虑同时带宾语和补语的情况。

三、选择问句

选择问句是说者提出两种或多种选项，需要听者从中选择一项作为回答的疑问句类型，其疑问点就是各选项。选项间的语义一般存在某种差异。选择问句各选项后或句末都可附加语气词，但不能是“吗”“吧”“哈”。与正反问不同的是，正反问通常只是同一种信息的肯定和否定形式两选项，而选择问则是两个或多个不同信息构成的至少两选项。用 A、B 代表选项，望奎方言中的选择问句主要有以下几种格式。

（一）是 A（啊/呀）还是 B（啊/呀）？

这种最基本的格式与普通话相同，疑问点 A、B 选项可以是名词、谓词、短语结构或小句形式，一般句法结构相当。由关联词语“是”和“还是”分别位于二者前来连接二者，整体结构通常作谓语或独立成句，例如：

你是吃烧饼还是吃馒头啊？
你是去还是不去啊？（相比于正反问的“你去不去？”，表强调，有催促作答的意思）
你是老板还是员工？

（二）是 A 是 B（啊/呀）？是 A（啊/呀）还 B（啊/呀）？

这两种格式 A、B 选项的构成材料、关联词语的位置及整体作何种句法成分与上面的基本格式相同，例如：

到底是接到电话好是没接到电话好啊这？
这个叫法是教员是老师？
他是去是留？
是我做饭还你做饭？
是吃还扔？
是牛奶还骆驼奶？

（三）A（啊/呀）还 B（啊/呀）？

该种格式疑问点 A、B 选项可以是名词、谓词、短语结构或小句形式，句法结构相当。只有一个关联词语“还”位于 A、B 之间。整体结构除了作谓语或独立成句外，还可作宾语，例如：

这钱你还还不还啊？
这搁你们这儿叫包菜还大头菜？
去还走？

（四）是 AB（啊/呀）？

A、B 选项的构成材料语义具有相对关系，可以是名词、谓词或短语结构，很少超过三音节。只有一个关联词语“是”位于 A 前。整体结构通常作谓语或独立成句，例如：

是男孩儿女孩儿？
是干活儿躺着？
是吃饭吃馒头？

（五）A（啊/呀）B（啊/呀）？

该结构 A、B 选项是由语义上具有相对关系的成分并列组成，可以是名词、谓词或短语结构，通常没有关联词语。整体结构除了作谓语或独立成句外，还可作宾语，例如：

男孩儿女孩儿？
干活儿躺着？
吃饭吃馒头？

（六）A 是 B（啊/呀）？

A、B 选项一般由单音或双音节及与其有对立关系的谓词或谓词性短语充当，关联词语“是”位于 A、B 之间。整体结构作谓语或独立成句，例如：

你吃是不吃？
你去是留？

（七）是 A（还）是咋的？

这种格式只提供一个显性选项 A，由谓词或谓词性短语充当，还有一个隐性选项“咋的”，代表排除 A 后的全部可能。关联词语“是”和“（还）是”分别位于 A 和“咋的”前。整体结构作谓语或独立成句，例如：

你是想不明白（还）是咋的？
你是傻（还）是咋的？
你是考公务员（还）是咋的？

四、特指问句

特指问主要是针对时间、地点、人和事物、方式、性状或原因等进行的提问，其疑问点一般可由疑问代词来承担。根据语义的不同，除一般格式外，还包括以语境作为疑问点的缩略形式。

（一）一般格式

其语序通常与陈述句相同，只是由疑问代词来作特指问的信息焦点，把哪个信息作为疑问点，就将其换成相应的疑问代词。句尾若加语气词，只能是“呢”，不能是“吗、吧”。这里仅举几例，其他不再赘述。

上**哪儿**买(菜籽儿)去?
买绿茶买**啥**样的呀?
现在**咋**整,冻那些(豆角),吃不了。
(冰箱)不小,200多升的,你那是**多**升的啊?
摘**多**些茄子啊?
种一半**干啥**啊?那老大叶子啊,那么大。

(二)语境缩略式

其形式通常为"词/短语/句子+语气助词",语境不同,其询问对象也不相同,如:
(1)NP呢:我妹妹呢?(可以是问地点,也可是问状况如何)
(2)VP呢:我去呢?(可以是问人,也可是问动作、状态等)

五、小结

在望奎方言的是非问句中,带疑问语气词"哈""咋的"的问句一般都属于假性提问。"哈"承载了较委婉的语气和较轻程度的疑问,主要用于试探性地求得对方认可或出于礼貌地征询对方意见(其实心中早已确定答案)。"咋的"在语感上相当于"吗",但多了一层确认和肯定的意思,更具方言口语色彩。

在正反问句中,方言习惯使用"A不/没?""AB不/没?""AO不/没?""AB+O不/没?"这样的简化形式,但使用"不"与使用"没"是存在区别的:"不"侧重于客观性、习惯性;"没"倾向于主观性、偶然性。此外,方言口语中还经常在"不""没"后加"的[ti·]"或"啊",构成了两种较为特殊的形式。

在选择问句中,除了与普通话相同的格式外,望奎方言还多了"是A(还)是咋的?",其中"A"为显性选项,"咋的"是表排除A后剩余所有情况的隐性选项。

在特指问句中,除由疑问代词来承担疑问信息点的基本格式外,还包括语境缩略式,这点与普通话没有太大差别。

第六节 责训句

刘文欣(2009)指出,责训句是指现代汉语(包括普通话和方言)中具有责备、训斥功能的句子。如果一个句式,其责训功能不来源于其中贬抑成分等临时因素,且表达结构具有能产性,就属于责训句。责训句研究是从交际出发对一种语言的某个功能范畴中句子进行的研究[①]。在望奎方言口语中,存在几种表达方式相近的句子:你V(个)啥?你V啥V?你V啥你?你V啥你V?你V的是啥?(V主要指动词性成分),如"你瞅(个)啥?你瞅啥瞅?你瞅啥你?你瞅啥你瞅?你瞅的是啥?"就属于一类专用的责训句式。作为反问句的一个下位类型,它们都是假询问、真否定,语用上都起到"否定+阻止+训斥"的作用,即通过否

① 刘文欣:《现代汉语责训句研究》,博士学位论文,黑龙江大学,2009年。

定来阻止对方，且带有训斥语气，表达自己的态度。除基础句“你V啥？”外，其余五种句式虽然只是单句在语用上的追加补充句，但在表述上却像复句一样严密完整。它们在结构、意义上都有所不同，有的是在基础句式后加上追加部分“V、你”“你V”构成，有的是在基础句式“你V啥？”内部加上补充成分“个”“的是”构成。这些追补部分都不是前面句子的必要成分，本身也不是完整的句子，但作为新的组成要素，是方言中比较有特点的一类语序体现。而且在各有侧重的前提下，更加突出了基础句式“否定＋阻止＋训斥”的语用功能，加重其强调语气，是值得我们深入研究的。

需要说明的是，为了与基础句“你V啥？”中的各构成要素进行区分，下文在具体描述时，前面的追加成分我们分别用“V’”“你’”“你‘V’”来表示。但需明确的是，加标记只是为了区分句子的侧重点（如句重音）等一些要素。无论是否加标记，它们的构成材料实际上都是相同的。

一、责训类型归属

根据刘文欣（2009）从九个层面对责训句所进行的分类，我们可知：①按能产性，它们都属于能产责训句，除了框式结构固定外，V都可以进行替换（但每一小类都有具体的限制条件）；②按自由程度，除了“你V的是啥？”有时需要有共现句的支持外，其他都能单独成句，是自由责训句；③按语义，它们都是属性责训中的非逻辑责训，从中看不出任何逻辑关系；④按是否专职表责训，它们都是兼用责训句，责训的同时还含有某种质问（无须作答）、阻止的语义成分；⑤按语气，它们除了具备责训句本身含有的感叹语气外，还残留着某种疑问语气；⑥按是否直接表达责训：它们都属言内责训句，即针对对方的行为直接进行责训；⑦按责训对象，都是责训他人；⑧按责训强度分，“你V（个）啥？”属弱度责训，“你V啥V’？你V的是啥？”属中度责训，“你V啥你’？”“你V啥你’V’？”属强度责训（下文会具体介绍）；⑨按句子结构分，“你V（个）啥？你V的是啥？”属责训单句，其他三个属追加责训句。

二、六种句式的特点

下面我们分别对六种责训句的构成要素、句法结构、侧重点（否定焦点、句重音、责训强度、答句情况、共现句）、语法意义、语用功能（语气）等进行对比分析。

（一）你V（个）啥？

由于二者在形式上相近，我们放在一起讨论。

“你V啥？”一般有两种理解，一个是真性疑问，“啥”指代具体事物，属实宾语，如“你吃啥？”，问句要求作出回答，句子的重音是“啥”。一个是反问句，“啥”指代具体的原因事理，属虚宾语，如“你跑啥？你笑啥？ 你装啥？”表示“你为啥要跑？你为啥要笑？你为啥要装？”。因为不涉及具体事物（受事），主要表示责问，答句有无均可，如果一定要求对这个原因作答，回答也应是“我V的是……”，如“你笑啥？—我笑的是你扣子系反了。”但说话人交流的目的并不是对动作行为的原因进行询问，而是通过反问来否定动作行为的理由。由于

“啥”属于背景信息,句子的重音就落在“V”上。与前面的情况相比,这里的V大多数情况下是不及物动词(如“你走啥?”),因为一旦带了宾语,“啥”就可能有所实指了。即使是有些及物动词,在表责训的“你V啥?”句中,其及物性质也被压制,如“你吃啥?(你为什么要吃?这东西不能吃!)”,“吃”不能再支配任何宾语。至于如何区分句子是表疑问还是表责训,就看句子重音:无论及物与否,只要重音落在V上,就代表责训。

在语用上,“你V啥?”属于原因责训,是通过**否定**动作行为的原因来**阻止**对方,且带有责备、**训斥**的语气,其否定焦点就是动作行为的原因。整句的语法意义是“你没有理由V”。由于没有强调动作行为的主体(“你”虽然在语义上直指对方,但并没有追加表示强调)、内容和后果等要素,即没有很强的倾向性,在责训强度上相对较弱,属于一般性责备,在语气上也较为随意。由于在语境中各要素都是已知信息,所以对共现句的要求也是有无均可。少数具有感激色彩的词语,如“谢、感激、感恩、感动”也可进入该句式,表达一种友好和客气的语气。

V主要是动词性成分,少数动作性不一定很强,但自主性一定很强。一些心理动词、形式动词都可以进入该句式,如:

这么简单的问题,你**想**啥?
——我要加以养生。——你**加以**啥?顺其自然就行了。

V一般都是光杆儿动词,不能带“着、了、过”,前面也不能加状语(不能说“你**有点儿**激动啥?”),但有时可以是动补结构,如“——我睡足了。——你睡足啥?接着歇着。”。V还可以是连动结构,如“你等等看啥?”,绝对不能是动宾结构,如“——我吃巧克力了。——(×)你吃巧克力啥?”。V还可能是把前文对方说过的话引述过来,除原文引述,有时也包括意义引述,如:

——我有点心疼这孩儿了。——你心疼啥?
——见到偶像,我说不出话来了。——你激动啥?

在语体上,只有口语色彩较强的动词才能用于该句式。

在“你V啥?”的V后加入“个”则又是一种情况了。“个”是具有计量作用的名量词,标识其后的成分具有名物性,而且后面其修饰的成分还有由单数向复数泛化、单复数混同的倾向。所以,由于“个”的作用①,“你V个啥?”中的“啥”不表原因而表任指,整体不属于原因责训而属于内容责训,同样具有否定意义,即通过否定动作行为的内容来表达一种禁止。整句的语法意义是“没什么好V的”,如“你跑个啥?你笑个啥?你装个啥?”表示“没什么好跑的、没什么好笑的、没什么好装的”,即对对方动作行为所涉及的内容进行否定。在语用上,通过**否定**动作行为的内容来**阻止**对方,且带有责备的**训斥**语气。这种语气一般也较为随意,责训强度较弱,属于一般性的责备。

由于整句的否定焦点是表任指的“啥”,所以句重音落在“啥”上。由于否定动作行为内容的最终目的是阻止和训斥对方,所以答句有无均可。“你V个啥?”对共现句的依赖也较

① 当然,“个”的存在也起到了协调韵律的作用。

小，在语境中往往不需要补充说明其他内容，所以有无均可。

V 主要是动词性成分，与“你 V 啥？”中 V 的限制性条件大部分相同，但有三点明显不同：首先，这里 V 的自主性不一定很强，如“你卖呆儿发愣、走神个啥？”，动词“卖呆儿”的可控制性、主观能动性不是很强。其次，“你 V 啥？”中 V 大多数是不及物动词，及物动词的及物用法会被压制，如“你**吃**啥？（你为什么要吃？这东西不能吃！）”，“吃”不能再支配任何宾语。但由于“你 V 个啥？”是内容责训，V 可以是及物的，句式通过否定 V 的宾语（内容）来阻止对方行为和表达责训，“你吃个啥？”中的“啥”就有所实指了。再次，“谢、感激、感动”等具有感激色彩的词语不能进入该句式，不能说“你谢个啥？你感动个啥？”，因为句重音在“啥”，这样说就带有一种不满或不耐烦的语气。

“你 V 啥？”是后面几种句式的基础句。为了增强“否定 + 阻止 + 训斥”的力度，方言口语中通常采用两个方法：追加或补充。追加就是把基础句的某一部分在句末重复一次，包括在“你 V 啥？”的后面重复一下“你’、V’、你’V’”，虽然附加部分结构不完整，只有一个和基础部分相同的主语、谓词、主谓结构，而且和基础部分分属不同的句法结构，但却使得整句的表达张力更强。补充就是在“你 V 啥？”中插入成分“个、的是”，它们甚至相当于语气成分，起到了明显的强调作用。这样，这几个句式无论在意义上还是在语气上都有了很大的不同。值得注意的是，作为责训单句的“你 V 啥？”中的“啥”是虚宾语，指代动作行为的原因，而作为追补成分基础句的“你 V 啥？”中的“啥”作实宾语理解，指代动作行为的受事（内容），表任指[①]。

（二）你 V 啥 V’？

如果说通过否定动作行为所涉及的内容来否定动作行为是间接的，那么“你 V 啥 V’？”则是直接纯粹地对动作行为本身进行的否定。“你 V 啥 V’？”在结构上是主体成分和追加成分 V’ 的结合，属于动作责训，在语用上通过**否定**动作行为来直接**阻止**对方做某事，且带有责备的**训斥**语气。由于对动作的指向性强，所以带有一种不满和烦躁的语气。其否定焦点在动作，重音落在后面的 V’ 上（如“你笑啥**笑**？”）。整句的语法意义是 V 本身不合理，不应该 V，如“你跑啥跑？你笑啥笑？你装啥装？”就是说“跑、笑、装”这些行为本身不合理，不应该这样做。在责训强度上整体要大于“你 V 啥？”和“你 V 个啥？”，属于中等责训。共现句也是有无均可，而且一般不需要回答。

V 主要是动词性成分，与前面两式不同的是，V 的动作性、自主性一定都很强，一些心理动词、形式动词进入该句式后动作性都得到了强化，如：

你寻思啥寻思？
你加以啥加以？

V 不一定是光杆儿动词，后面可以带“了、过”，如“你吃过啥吃过？肚子都咕咕叫。”。前面也可以加状语（可以说“你**有点儿**激动啥有点儿激动？”）。也可以是动补结构，如“——我睡足了。——你睡足啥睡足？接着歇着。”。还可以是连动结构，如“你等等看啥等等

---

① 但“你 V 的是啥？”这种句式的“啥”较为特殊，下文会详细介绍。

看？”。V 也可以是动宾结构，但值得注意的是，无论 V 是动宾结构的离合词、熟语还是自由词组，“你 V 啥 V’？” 都不能说成 “你 +VO+ 啥 +V’O’？”，而是要使用变式 “你 +V+ 啥 +O+V’O’？”，如不能说成：

你洗澡啥洗澡？
你磨洋工啥磨洋工？
你去太阳岛啥去太阳岛？
应说成：
你洗啥澡洗澡？
你磨啥洋工磨洋工？
你去啥太阳岛去太阳岛？

V 也可以是对前文对方说过的话进行的原文引述或意义引述，但一定是口语语体，而且是语境中的信息焦点。V 及物或不及物都可以，因为后面追加一个 V’，即使及物也不会产生分歧，如“你吃啥？”就容易有两个理解，而“你吃啥吃？”的否定和责训语气就很容易被理解。一些如“谢、感激、感动”等表感激的词语，表一种亲近时也可进入该句式。

（三）你 V 啥你’？

“你 V 啥你’？” 在结构上是主体成分和追加成分 “你’” 的结合，属句末带有人称代词 “你” 的指称追加。与前面的原因责训、内容责训、动作责训相比，属于指称责训。在语用上，通过**否定**指称来**阻止**对方动作行为，且带有责备的**训斥**语气。整句的语法意义是强调“你”不该这么做、“你”别这么做。与“你 V 啥 V’？”的焦点 V’ 相比，“你’”成为全句的突显部分，而 V 则成为背景信息。由于其否定焦点在指称，所以句重音落在“你’”上面。“你”是一个责训力度很强、责备倾向很高的强指示词，具有直接指斥的作用，尤其是直称对方的句首“你”和直指对方的句尾“你’”的双重作用，极为不礼貌，大大加强了对对方“否定 + 阻止 + 训斥”的语气，对对方毫不客气。而且在“你’”的强指示作用下，有进一步与对方交流的意思，但又在主体句式和追加成分“你’”的强指斥作用下打破了这种交流的可能，所以该句式一般没有答句。在责训强度上属强度责训，一些表达感激的词语绝对不能进入该句式。由于该句的主观性很强，客观的陈述义受到限制，无须补充说明自己责训的依据，所以也不要求有先行句或后续句同现。

V 主要是动词性成分，其动作性和自主性都不一定很强，一些心理动词、形式动词及非自主性动词都可以进入该句式，如：

你**惦心**啥你？
你**加以**啥你？
你**卖呆儿**（发愣、走神）啥你？

V 不一定是光杆儿动词，因为其前可加状语（“你**有点儿**激动啥你？”）；其后也可带“了、完（过）”（——我吃完了。——你吃完啥你？）。也可以是动补结构（——我睡足了。——你睡足啥你？），还可以是连动结构，如“你等等看啥你？”。但不能是动宾结构（——我吃巧克力了。——（×）你吃巧克力啥你?）。这里的V也可以是及物动词，因为即使V能支配宾语，也不影响句意的理解（“你吃啥你?”）。同前几式一样，V可以是对前文对方所说过话的原文引述或意义引述，语体上也只有口语性强的动词才能进入。

（四）你V啥你’V’?

如果将前面的（二）中的动词追加和（三）中的指称追加的追加成分合并起来，就得到了主体成分和追加成分“你’V’”的结合。在结构上“你V啥你’V’?”既可看作主体结构句首成分的追加（句首成分在句末又出现了一次），也可看作是（二）或（三）的扩展式追加。该句属于一种后果责训，其中主谓短语“你’V’”代替动作行为的结果，在语用上是通过**否定**动作行为的后果来**阻止**对方，且带有责备的**训斥**语气。整句的语法意义是“V会带来消极后果，千万别V”。在语气上有一种愤怒的意味，逼迫对方，甚至会造成一定的心理伤害。由于否定焦点在动作行为的后果，所以句重音落在“你’V’”上，“你’V’”作为突显部分，是另一个句子的核心，其后存在着被省略的空宾语“啥”。该句的责训力度较强，不要求回答，一些表感激的词语也无法进入。共现句也是有无均可，这点与“你V啥你’?”极为相似。

V主要是动词性成分，由于强指斥性，对其要求也更高些。首先，非自主性动词不能进入，如“你**卖呆儿**啥你卖呆儿?”，这一动作虽然不合理，但不是对方自己所能控制的，所以不会使用责训力度这么强的句式。但动作性较弱的心理动词、形式动词可以进入该句式，可以说“这么简单的问题，你想啥**你想**?”“——我要加以养生。——你加以啥你**加以**?”。其次，虽然V可以带“了、完（过）”和简短的补语（——我睡足了。——你睡足啥你睡足?），但前面很少加状语、后面很少加宾语，因为状中结构和动宾结构的重复显得句子冗长拖沓，不能说“你**有点儿**激动啥你**有点儿**激动?”“你吃巧克力啥你吃巧克力?”，但可以是连动结构，如“你等等看啥你等等看?”。对前文的原文引述或意义引述也尽量简短，对于语体的要求也需要口语词汇。同样，句式对带宾语的及物动词也没有任何限制。

（五）你V的是啥?

“你V的是啥?”是在主体成分“你V啥?”中间插入“的是”构成的表强调的一种句式，属主体成分和补充成分的结合，在整体上否定动作的必要性。由于句重音落在“是”上，所以无论V是及物动词还是不及物动词，也都不会引起歧义①，如“你吃的**是**啥?”“你跑的**是**啥?”。“的”字短语“V的”具有名词性，无论V及物还是不及物，“V的”整体上都代表动作行为的属性，“吃的”“跑的”是通过“的”字短语给“吃”“跑”的动作行为定性，通过这种“属性”来判断动作行为的必要性。所以，此时“V的是……”后面的“啥”既不指代动作行为的施事（赢的是**我家孩子**），也不指代受事（吃的是**筋饼**），而是指代动作行为的“属性②”，整句属于性质责训，否定焦点也在动作行为的性质。在语用上，通过**否定**动作行为的性质来**否定**其发生的必要性，借此来**阻止**对方，且带有责备的**训斥**语气。整句的语法意

① 当V是及物动词时，当对V的受事进行询问时，句重音一般落在“啥”上，如“你吃的是**啥**?”，与表责训的用法不会产生矛盾。

② 比如动作行为的“适宜性”，就是其属性的一种。

义是“V本身没意义，没必要V”，含有一种不屑、不耐烦的语气。由于“的是”的作用，在责训强度上为中等责训，一些表感激类的词语无法进入该句式，不能说“你谢的是啥?”，否则有一种质问的语气。答句有无均可，一般情况下不要求回答，即使有同结构的答句，如“我折腾的是有一个美好的未来”，回答的可以是“你V啥?”句式（如“你折腾啥?”），也可以是“你V的是啥?”句式（如“你折腾的是啥?”）。该句式需要有共现句，如果不给对方提供一个背景语境，也就是补充说明自己的论证过程和事实论据，使其变为双方的共享知识，对话将无法进行。

V主要是动词性成分，由于句式的强调功能，V的动作性、自主性都很强。一些心理动词可进入，但形式动词却不可以，如可以说“这么简单的问题，你**想**的是啥?”，却不能说“——我要加以锻炼。——你**加以**的是啥?”，可说成“你**锻炼**的是啥?”。V后面一般不能带“着、了、过”，也不能带补语，如“——我吃完了。——（×）你吃完的是啥?”“——我睡足了。——（×）你睡足的是啥? 接着歇着。”，前面也不能加状语（不能说“你**有点儿**激动的是啥?”），还不能是动宾结构，如“——我吃巧克力了。——（×）你吃巧克力的是啥?”。但V并不是光杆儿动词，因为可以是连动结构，如“你等等看的是啥?”。如果V是对对方说过的话进行的原文引述或意义引述，也一定要简短。前面提到，此处的V既可及物也可不及物，只要重音落在“是”上，并不会为交流带来歧义和误解。

三、共性特征与衍生句式

（一）共性特征

这类句式的主体成分“你V啥?”在形式上都是“主动宾”结构的反问句，但在意义上又都是表责训作用的感叹句，可替换为“你V啥!”。当添加上不同的追补成分后，它们仍具有许多共性特征。

追加部分如果出现“你’”（及连带成分），一定不是对主体部分的补充而是复制，因为在两个“你”的双重作用下，句子的责训力度要比句首省略“你”后又在句末补充的效果更强，如“你瞅啥你?”比“瞅啥你?”的责备倾向更高。所有的追加成分都不能调换位置，由于六个句式各有各的表达效果，形成后都不能随意变更结构。一些句式会有同义形式，所以它们都依赖于句重音的标记。由于是口语句式，多以短句为主，它们的结构也较为简单，即使V有修饰成分或并列成分，一般也较为简短。这些句式大多数可以在交流中自足，对共现句的要求不是很高，即使有，也多是列出客观事实、讲述某种道理等。

这类句式的主观色彩都很强，除少数情况（比如表感激的词语）外，都是通过反问的形式表达“否定+阻止+训斥”的含义，坚定地表达了自己的主观态度和对对方极为不满的情感。虽然表达的侧重点和语义内涵不同，但都可以是对过去、现在或将来任意时间节点动作行为的责训，对V的发生时间并没有具体的要求，例如：

——我买了网球拍（过去）。——你**买**啥? 我那儿有。

——我明天去买网球拍（将来）。——你买个啥? 我那儿有。

——我正在买网球拍（现在）。——你买啥买? 我那儿有。

（二）衍生句式

在构成要素上，以上我们讨论的六种句式，V在大多数情况下都是动词性成分。有时，V还可以是其他词性的成分，比如形容词性成分、名词性成分、代词、叹词、拟声词性成分等。需要注意的是，处于这个位置的叹词、拟声词性成分，大体上都要具有动词的语义特征（比如自主性或动作性），这个语义特征是该句法位置赋予的，也是人们的使用习惯所致的。而当V是形容词性成分时，这几种句式表达的则是同一种语法意义和语用意义。当V是代词或名词性成分时，句式又都会产生相应的变体形式。相同的是，V主要都来自对对方话语的引述，所以它们对语境的依赖较强。下面我们具体介绍。

1. 当V是形容词

V常是引述对方说过的话，可以是性质形容词，如表示褒义色彩的“优秀”，表示贬义色彩的“埋汰”等。也可是状态形容词，如表示褒义色彩的“响当当”，表示贬义色彩的“大咧咧马虎”等。但当表贬义色彩的词语进入时，说话人表面是在责训对方的言行，实际上是在为对方开脱和辩解，如：

——我人老了，越来越埋汰。——你埋汰啥埋汰？
——我这人，大咧咧。——你大咧咧个啥？

形容词一般可以进入前五种句式，不能进入最后一种，如：

（√）你优秀啥？你优秀个啥？你优秀啥优秀？你优秀啥你？你优秀啥你优秀？
（×）你优秀的是啥？

这里的“啥”都指代形容词的具体体现，“V啥？”相当于“哪里V、V的具体体现和根据是什么？”，通过对这种具体体现和根据的否定进而对相应的性质、状态进行否定。所以，句式的反问兼否定焦点就是“啥”。这五种句式的句重音也全部落在“啥”上。在语用上，这类句式是通过**否定**性质状态的具体体现和根据进而否定相应的性质状态，来表达对对方观点看法的反对，且带有责备的**训斥**语气。句式的语法意义是“你不V、你不具备V的性质状态”，常带有反对、不满的斥责语气，责训力度较强。

2. 当V是叹词或拟声词

如果V是叹词或拟声词，一般都是引述对方的言语，而且在这个句式中也动词化了，如“——喂！——你喂啥喂？”“——哎哟！——你哎哟啥？”“——叮咚，我来了！——你叮咚啥你？”等。此时，前文所提到的六种句式之间都可任意互换使用，但在意义上都是对叹词或拟声词所代表的动作行为本身的直接否定，只是把原动词性成分的位置换成相应的引述性成分而已。其组成的六种句式，在句重音和责训力度上，也与动词性成分组成的相应句式相同。两类句式的表达功能也类似，都表一种“否定＋阻止＋训斥”的语气。总体来说，这种叹词或拟声词用法，是仿照动词用法进行的类推造句，在句中是活用为动词用法的。

代词和名词性成分都比较特殊，以上词性成分组成的句式在结构上与动词性成分组成的六种句式大体相同，但代词和名词性成分组成的句式却是“V啥V’？（V代表代词或名词性成分）”，句子省却了动词性成分，否定的语义直接指向代词或名词性成分，简单而明确。

3. 当V是代词

代词V主要来自对对方话的引述，如果上文提到某人如何如何，下文就可以通过否定相应的代词来否定对方的话。如：

——我觉得自己才是班级里最厉害的人。——你啥你？

——这次获得这个殊荣的应该是他。——他啥他？

表示不赞成对方某说法等，同时伴有训斥语气。除了“V啥V’？”，还可说成“V个啥？”，如：

我觉得自己才是班级里最厉害的人。——你个啥？

——这次获得这个殊荣的应该是他。——他个啥？

——代词能组成的仅这两种句式。“V啥V’？”的重音落在V’上，“V个啥？”的重音落在“啥”上，二者的责训力度都较强。

4. 当V是名词

类似于代词，这种名词性成分组成的句式是“V啥V’？”和“V个啥？”，重音都落在“啥”上。其语法意义是“主语不是V、主语没有V”。V通常是对对方话语的引述，一般是名词谓语句的谓语部分或“是”“有”的宾语，如：

——今天星期三。——星期三啥星期三/星期三个啥？

——你聪明人。——聪明人啥聪明人/聪明人个啥？

——他是东北人。——东北人啥东北人/东北人个啥？

——小凯有俩哥哥。——俩哥哥啥俩哥哥/俩哥哥个啥？

否定焦点就是这些名词性成分。通过否定句中的名词性成分来否定对方的表述，但仅限于否定对方的表述，至多是意见分歧，责训语气较弱。

四、小结

该类责训句在方言中之所以有代表性，是由于两个原因：一是在望奎方言中使用得非常普遍。二是其构成要素V和“啥”都具有地域色彩，即使它们并不是望奎方言的特色词汇，但在语音上也都带有浓浓的“土味儿”。这六种句式，共有六个句重音，分别是“V”“啥”“V’”“你’”“你’V’”“是”，不同的重音是区分句意的关键要素。在结构上，我们也不纠结于单复句的问题，而是径直采用“基础句”与不同“追加、补充”成分结合的形式来代表整个句式。下文我们对六种句式的特点进行列表对比。

表2-1 六种责训句式的特点对比

句法格式	例句	构成要素	语法意义	语用功能	否定焦点	句重音	责训强度
你V啥？	你瞅啥？	主体成分	你没有理由V	原因责训	动作行为的原因	V	较弱

续表

句法格式	例句	构成要素	语法意义	语用功能	否定焦点	句重音	责训强度
你 V 个啥？	你瞅个啥？	主体成分＋补充成分“个”	没什么好 V 的	内容责训	动作行为的内容	啥	较弱
你 V 啥 V’？	你瞅啥瞅？	主体成分＋追加成分 V'	V 本身不合理，不应该 V	动作责训	动作行为本身	V'	中等
你 V 啥你’？	你瞅啥你？	主体成分＋追加成分“你’”	“你”不该这么做、“你”别这么做	指称责训	指称	你’	较强
你 V 啥你’V’？	你瞅啥你瞅？	主体成分＋追加成分“你’V’”	V 会带来消极后果，千万别 V	后果责训	动作行为的后果	你’V’	较强
你 V 的是啥？	你瞅的是啥？	主体成分＋补充成分“的是”	V 本身没意义，没必要 V	性质责训	动作行为的性质	是	中等

第三章 结语

望奎方言属东北官话黑松片的嫩克小片。东北官话作为官话方言的一种，与其他官话方言内部一致性较强，尤其是与北京官话、冀鲁官话、胶辽官话、中原官话有着很深的历史渊源。尤其是在句法方面，几乎很接近于普通话了。但是，由于历史原因，作为一个移民区方言，上述几种方言都是后期才不断渗入的，本土的基础方言是古幽燕话，同时融合了当地土著少数民族语言（满语、蒙古语、朝鲜语），也掺杂着后来的一些外来语（俄语、日语）。所以，望奎方言中又难免会留下混合的痕迹（但这并不等于是混合语，望奎方言仍以汉语中的基础方言为主导地位）。比如某些俄语借词、日语借词等，都是各语言成分相互交融使用过的痕迹，句法现象也是如此。此外，即便是与普通话相同的部分，由于黑土地上的人们具有粗犷、直率的性格特征，其语言在形式上也趋于简化，在表达上非常直接。也正由于这个原因，我们才得以发现、探讨和剖析望奎方言句法中比较有特色的元素。

我们主要介绍了方言中九类较有特点的句法现象，其中包括三类短语结构、六类特色句子。

语言使用具有经济性原则，人们在运用语言时都有求简心理，只要不影响表达和理解，在形式上越简单越好，东北方言尤是如此。具体体现在方言上，一般都是能省则省。我们介绍的“得 V（了）”“V 得 [tei˨˦]（了）”短语结构，就充分体现了这一点。首先在形式上，可不加主语而独立成句，构成非主谓句，以简洁的形式进行有效的沟通。状中结构“得 V”，“得”用来限定中心成分“V”，表对 V 所代表动作或性质的确定语气。非主谓句“得 V 了”表“必须 V 了”“一定会 V 了”。述补结构“V 得 [tei˨˦]”，“得”表“必须”“应该”，用来对“V”所代表的动作或性质进行语气上的补充，主观性明显。与能性述补结构“V 得 [tɤ˥]”相比，方言中“V 得 [tei˨˦]”不表 V 实现的可能性，而表 V 实现的必须性。同样，非主谓句“V 得 [tei˨˦] 了”表“必须 V 了”“应该 V 了”。由于形式上的求简，“V 得了”在方言中存在四种同形形式，但又不属于严格意义上的同形形式，因为它们只是书写形式相同，在读音形式、语音停顿和语义上都非常容易区分。

在结构方式上，“知不道（到）”与“晓不得”同为动补结构，而“不知道”与“不晓得”同为偏正结构。前者的肯定形式是“知”“晓”，后者的肯定形式是“知道”“晓得”，前后者存在单、双音节的区别。在双音化趋势的推动下，“（不）知道”“（不）晓得”最终胜出。但另一方面，在表强调或主观看法时，一般说成“知不到”“晓不得”，与“不知道”“不晓得”形成主观认定和客观陈述方面的对立，所以至今仍保留在汉语方言中。

动宾变式结构和动宾交叉结构也是望奎方言中比较有特点的两类结构。我们在将动宾变式结构与宾语前置句进行比较的基础上，指出其可能是在与满语接触过程中由于满语的影响而产生的。而动宾交叉结构的特点也充分证明了这一点，该结构并不符合语言使用的经济性，但却是两类语言在接触过程中相互靠拢、调整的过渡状态。我们又通过三方面进一步证实了方言中满语的接触性影响。但由于交际场合的不同，两类结构分别处于语言交际的不同层次，在与普通话进行对比研究时，应区别对待这种差异的层次性。两类结构的产生是语言转用和语序重组两种机制共同作用的结果。

方言中存在两种“VV”句，“VV！”是指隐含了假设连词“如果……就”的紧缩句，“VV？”是指隐含了否定副词“不”的正反问省略句。二者由于重音、语调及表达意义的不同，在口语中十分容易区分。在深入研究后，发现二者更有诸多不同，如隐含的主语数目、主谓之间的关系、内部要素V的构成材料、两V间的逻辑或语义关系、扩展句式等，二者都存在区别。

“管”可单独作动、副、介、连词，也可作各“管”类词的根词，是这些词语法功能的主要承担者。这些不同语法属性的词在各类“管”字句中分别充当不同的句法角色。“管”在作动词时有10个义项，都是围绕“负责、管理”的核心义产生的。“管保”是动词、“情管”是情态副词，其中构词语素“管”的“保证、推断”义都来源于动词义“负责”。通过语音变体而来的限定范围副词“管”，其“只、仅”义来源于范围副词“光”。处置介词“管”，其“把”义来源于动词义“管理、掌控”。对象介词“管”，其“向”义来源于动词义“关涉、牵连”。条件连词“管”及以“管”为核心义素的“管多咱”“管咋的 / 管咋说”“不管 / 甭管 / 别管”“哪管”，其无条件让步义来源于“管理”义引申的动词义“理会、顾及”。“管说”这一转折连词中的“管”，其“只、就”义也来源于范围副词“光”。这四种词类、21个义项共构成了近50种“管”字句。可以说，望奎方言中的“管”字句类型十分丰富。

按照“他”在句中的位置，“他”字句大体可分三种：(一)“他”在句首占据主语位置，回指前面的“第三人称”话题成分（实指）。或是回指在“人称”及其他方面明显不对应的话题成分（虚指）。或是虽在句首，但无所指代，只是为了结构占位（虚化）。也或者不是为了结构占位，仅是一种强调标记（虚化）。(二)除了在句首位置虚化外，“他”还可在句中虚化为助词，用在动词和名词性成分（或少数谓词性成分）之间，作前面动词的后助词，无实义、无所指对象，只起到加强语气的作用。或与“个”连用虚化为“他个”，作动词的后助词，主要后接表程度的谓词性结构作动词的补语，成为一种补语标记。或与“给”连用虚化为“给他”，作谓词性成分的前助词，表达了对动作行为的强影响性。在“V他一V”中，“他”作V的后助词，整体上表达了一种强烈的自主性和意愿性。(三)“他”还可附在句末作语气词使用，成为表强调、使令、处置、将然或动作完结的语法标记。从本质来讲，助词或语气词“他”构成的句子，都不属于客观陈述句，而是表达了一种强烈的主观色彩。

望奎方言口语中的“让”字句使用频率很高。与普通话相比，“我让你（给我）VP”一个句式负载了10个意义，它们分别是：“我役使你（必须）VP”“我役使你（为我）VP”“我役使你（把我）VP”“我致使你（为我）VP”“我允许你（为我）VP”“我允许你（把我）VP”“我任由你（把我）VP”“我制止你（违背）VP”“我被你（向 / 对 / 为我）VP”“我被你（把我）VP”，这需要在具体的语境中仔细辨别。

在疑问句中，比较有特点的是疑问语气词“哈”，其疑问语气较弱，主要表征询、求认同，也由于表达的求简，经常以叹词形式独立使用，一个词可代替一个句子的表达。在选择问、正反问、特指问中，用“啊”及变体的情况较普通话少一些，语气更为直白。在正反问中，经常使用省略式“A 不 / 没?”“AB 不 / 没?”“AO 不 / 没?”“ABO 不 / 没?”等。在选择问句中，较有特点的是“是 A（还）是咋的?”，“咋的”可代替排除 A 后的全部可能，也是用最简练的语言使负载的信息最大化。

方言中存在 6 种表达方式相近的责训句“你 V 啥?”“你 V 个啥?”“你 V 啥 V?”“你 V 啥你?”“你 V 啥你 V?”“你 V 的是啥?”，它们分别属于原因责训、内容责训、动作责训、指称责训、后果责训、性质责训，分别通过否定动作行为的原因、内容、动作本身、指称、后果、性质来阻止对方的动作行为，且带有责备、训斥的语气。语法意义分别是“你没有理由 V”“没什么好 V 的”“V 本身不合理，不应该 V”“强调‘你’不该这么做、‘你’别这么做”“V 会带来消极后果，千万别 V”“V 本身没意义，没必要 V”。如果将方言中的“啥”换成普通话中的“什么”，这 6 种责训句中的“你 V 个什么?”“你 V 的是什么?”在普通话中就不存在。如果将主语“你”去掉后，“V 啥你? V 啥你 V?”中句末的“你”就不再是追加成分而变为补充成分。“你”还可以换成其他代词或指人名词，甚至是团体、机构名词。如“他浪啥?”“我叭叭个啥?”“孩子跑啥跑?”“王大爷同意啥王大爷?”“公司规定啥公司规定?”“（这么便宜，）超市赚的是啥?”。但由于不再直指，责训力度变弱。

由于时间的原因，本书存在一些不足之处。比如在分析一些句法现象时，对于一个混合性质的方言来说，未能详细地从语言类型角度对一些深层机制进行更深入的发掘、描写。望奎方言句法与普通话大同小异，在重点突出差异的同时，还需多对产生差异的原因进行分析。我们将一些方言句法现象与普通话进行对比，但有一些现象却未能与其他方言区方言特别是东北方言中其他区、片、点进行细致的对比研究。这些留待解决的问题正是我们后续努力的方向，我们将继续收集鲜活的口语语料，做大规模的长篇语料搜集和专项的语法例句调查，多一些各区、片、点方言的共时对比；更多地在方言的接触方面，尤其是在语言类型跨方言研究方面有所开拓，并从方言发展和演变史的角度做更进一步的探讨，使研究从以“描写”为主逐步走向以“解释”为最终目的。

参考文献

[1] 黄伯荣，廖序东．现代汉语（增订本）下册 [M]. 北京：高等教育出版社，2011.
[2] 卢小群．老北京土话语法研究 [M]. 北京：中国社会科学出版社，2017.
[3] 邹韶华．语用频率效应研究 [M]. 北京：商务印书馆，2001.
[4] 吕叔湘，朱德熙．语法修辞讲话 [M]. 北京：中国青年出版社，1979.
[5] 陈新义．中国阿尔泰语系的语序类型研究 [D]. 北京：中央民族大学，2011.
[6] 陈颖．紧缩句的有标关联和无标关联 [D]. 武汉：华中科技大学，2005.
[7] 董秀芳．现代汉语口语中的傀儡主语“他”[J]. 语言教学与研究，2005（5）：22-27.
[8] 黄玉花，王莹．汉语朝鲜语接触类型与演变机制 [J]. 社会科学战线，2020（8）：251-255.
[9] 金美．哈尔滨方言中的选择问句 [J]. 汉字文化，2003（2）：55-57.
[10] 康瑞琮．东北方言中的反复问句 [J]. 天津师范大学学报（社会科学版），1987（3）：71-72.
[11] 李小军，徐 静．“管”的语义演变及“不管”“尽管”的词汇化 [J]. 江西师范大学学报（哲学社会科学版），2017（6）：110-116.
[12] 李行健，仇志群．双言现象与语言差异的层次性 [J]. 读书，2018（10）：41-49.
[13] 刘文欣．现代汉语责训句研究 [D]. 哈尔滨：黑龙江大学，2009.
[14] 卢君．河南周口沈丘方言中的“管”及其语法化过程 [J]. 红河学院学报，2014（4）：100-104.
[15] 单雪琳．介词“管”的产生及其发展 [J]. 忻州师范学院学报，2018（1）：39-41.
[16] 沈怀兴．“知不道”和“不知道”[J]. 语言研究，2005（3）：30-31.
[17] 陶振伟．“到”的语法化 [J]. 河北理工大学学报（社会科学版），2006（2）：155-157.
[18] 王竹梅．现代汉语“管字句”的多角度研究 [D]. 南京：南京师范大学，2012.
[19] 吴福祥．南方民族语言动宾补语序的演变和变异 [J]. 南开语言学刊，2009（2）.
[20] 徐复岭．“知道”的构词方式是什么 [J]. 汉语学习，1992（6）：20-21.
[21] 徐时仪．《朱子语类》知晓概念词语类聚考探 [J]. 上海师范大学学报（哲学社会科学版），2012（5）：71-85.
[22] 许卫东．山东招远话中的 AA 式和 AAB 式正反问句 [J]. 中国语文，2005（5）：474-476.
[23] 杨婧．河南方言应答词“中”和“管”地理分布成因考察 [J]. 汉字文化，2018（4）：32-34.
[24] 余志鸿．语言接触与语言结构的变异 [J]. 民族语文，2000（4）：23-28.
[25] 张静．关于现代汉语口语句式“V+ te+ MQ”[J]. 五邑大学学报（社会科学版），2004

（1）：76-78.
[26] 赵金．论徐州话“管”作助动词及应答词的用法 [J]. 文学教育（下），2019（9）：60-63.
[27] 庄会彬．北方方言中的“知不道”考源 [J]. 语文知识，2013（1 ）：26-28.
[28] 吴福祥．敦煌变文语法研究 [M]. 长沙：岳麓书社，1996.

附录　长篇语料选摘

看这样是没冻着啊？

k^{h}an˥˧ tʂɤ˥˧ iɑŋ˥˧ ʂʅ· mei˧˥ tuŋ˥˧ tʂɔ˧˥ a·？

你又搁那睡觉呢？

ni˨˩˧ iəu˥˧ kɤ˨˩˧ nɤ· sui˥˧ tɕiɔ˥˧ nɤ·？

我在这躺一会儿，刚在地里回来，这天也不能溜达了。豆角这老多你能吃了吗都冻上？

vɤ˨˩˧ tsai˨˩˧ tʂɤ˥˧ t^{h}ɑŋ˨˩˧ i· xuər˨˩˧ ，kɑŋ˥ tsai˨˩˧ ti˥˧ li˨˩˧ xui˧˥ lai·，tʂɤ˥˧ t^{h}ian˥ iɛ˨˩˧ pu˥˧ nəŋ˧˥ liəu˥ tᴀ· lɤ·。təu˥˧ tɕiɔ˨˩˧ tʂɤ˥˧ lɔ˨˩˧ tuə˥ ni˨˩˧ nəŋ˧˥ tʂ^{h}ʅ˥ liɔ˨˩˧ mᴀ· təu˧˥ tuŋ˥˧ ʂɑŋ·？

那咋整啊，这外头雨腥的，它也不晴天哪。

nᴀ˥˧ tsᴀ˨˩˧ tʂəŋ˨˩˧ a·，tʂɤ˥˧ vai˥˧ t^{h}əu· y˨˩˧ ɕiŋ˥ ti·，t^{h}ᴀ˥ i· pu˥˧ tɕ^{h}iŋ˧˥ t^{h}ian˥ nᴀ·。

卖了吧？

mai˥˧ lei· pei·？

不的啊，白瞎了，也不值钱。

pu˧˥ ti· a·，pai˧˥ ɕiᴀ˥ lɤ·，iɛ˨˩˧ pu· tʂʅ˧˥ tɕ^{h}ian˧˥。

多钱一斤？

tuə˧˥ tɕ^{h}ian˧˥ i˥˧ tɕin˥？

一块五。

i˧˥ k^{h}uai˥˧ u˨˩˧。

现在咋整，冻那些，吃不了。

ɕian˥˧ tsai˥˧ tsᴀ˨˩˧ tʂəŋ˨˩˧，tuŋ˥˧ nᴀ˥˧ ɕie˥，tʂ^{h}ʅ˥ pu˥˧ liɔ˨˩˧。

冻豆角行，冻豆角比冻茄子强，茄子不好吃，不乐吃茄子。

tuŋ˥˧ təu˥˧ tɕiɔ˨˩˧ ɕiŋ˧˥，tuŋ˥˧ təu˥˧ tɕiɔ˨˩˧ p^{h}i˨˩˧ tuŋ˥˧ tɕ^{h}iɛ˧˥ tsʅ· tɕ^{h}iɑŋ˧˥，tɕ^{h}iɛ˧˥ tsʅ· pu ˥˧ xɔ˨˩˧ tʂ^{h}ʅ˥ ，pu˧˥ lɤ˥˧ tʂ^{h}ʅ˥ tɕ^{h}iɛ ˧˥ tsʅ·。

豆角子搁肉还好吃。

təu˥˧ tɕiɔ˨˩˧ tsʅ· kɤ˥ ʐəu˥˧ xai˥˧ xɔ˨˩˧ tʂ^{h}ʅ˥。

那啥呀，我给它那个冻上，冻上完了待两天儿过雨季，这回摘这一批就不用了，就不用再摘了。完事儿晴天过了雨季，这不摘在顶上都碍事啊。

nei˥˧ ʂᴀ˧˥ iᴀ·，vɤ˨˩˧ kei˨˩˧ t^{h}ᴀ˥ nei˥˧ kɤ· tuŋ˥˧ ʂɑŋ·，tuŋ˥˧ ʂɑŋ· van˧˥ lɤ· tai˥ liɑŋ˨˩˧ t^{h}ian˥ kuə˥˧ y˨˩˧ tɕi˥˧，tsei˥˧ xui˧˥ tsai˧˥ tʂei˥˧ i˥˧ p^{h}i˥ tɕiəu˥˧ pu˧˥ iuŋ˥˧ lɤ·，tɕiəu˥˧ pu˧˥ iuŋ˥˧ tsai˥˧ tʂai˧˥ lɤ·。van˧˥ ʂə˥˧ tɕ^{h}iŋ˧˥ t^{h}ian˥ kuə˥˧ lɤ· y˨˩˧ tɕi˥˧ ，tʂɤ˥˧ pu˥˧ tʂai˧˥ tsai˥˧ tiŋ˨˩˧ ʂɑŋ· təu˥ xai˥˧ ʂʅ˥˧ xᴀ˧˥。

你再冻点儿丝儿吧，给它焯一下子。

niɹ tsaiɴ tuŋɴ tianɹ sɚ˥ pA·，keiɹ tA˥ tʂʰɔ˥ i˦ ɕiAɴ tsɿ·。

我年年都冻丝儿，也不好吃。

vɤɹ nian˦ nian˦ təu˥ tuŋɴ sɚ˥，iɛɹ puɴ xɔɹ tʂʰʅ˥。

炖时搁点儿粉条、肉啥的。

tunɴ ʂʅ˦ kɤ˥ tianɹ fənɹ tʰiɔr˦、ʐəuɴ ʂA˦ ti·。

还是冻那啥吧，还是冻囫囵个儿好吃，有豆儿。冻 50 斤，晒 40 斤。

xai˦ ʂʅ· tuŋɴ nA· ʂA˦ pA·，xai˦ ʂʅ· tuŋɴ xu˦ lun· kɤɴ xɔɹ tʂʰʅ˥，iəuɹ təurɴ。tuŋɴ uɹ ʂʅ· tɕin˥，ʂaiɴ sɿɴ ʂʅ· tɕin˥。

能晒干吗？

nəŋ˦ ʂaiɴ kan˥ mɤ·？

潮乎的，现在还潮乎的呢。

tʂʰɔ˦ xu˥ ti·，ɕianɴ tsaiɴ xai˦ tʂʰɔ˦ xu˥ ti· nia·。

潮乎的得搁冰柜里。

tʂʰɔ˦ xu˥ ti· teiɹ kɤ˥ piŋ˥ kuiɴ liɹ。

我去看冰柜去了，才回来，一千二。

vɤɹ tɕʰi· kʰanɴ piŋ˥ kuiɴ tɕʰi· lɤ·，tsʰai˦ xui˦ lai·，iɴ tɕʰian˥ ɐrɴ。

一千二是啥牌的。

iɴ tɕʰian˥ ɐrɴ ʂʅɴ ʂA˦ pʰai˦ ti·。

丫丫。

iA˥ iA˥。

你买那个，你买那个名牌的呗。

niɹ maiɹ nei˦ kɤ·，niɹ maiɹ nei˦ kɤ· miŋ˦ pʰai˦ ti· pei·。

澳柯玛的啊？

ɔɴ kʰɤɴ mAɹ tia·？

海信啥的不行吗？

xaiɹ ɕinɴ ʂA˦ ti· puɴ ɕiŋ˦ mA·？

我没看着，我就看着丫丫的，澳柯玛的。澳柯玛也是名牌，我使的这个就是澳柯玛的，没有氟利昂，费劲。

vɤɹ mei˦ kʰanɴ tʂɔ˦，vɤɹ tɕiəuɴ kʰanɴ iA˥ iA˥ ti·，ɔɴ kʰɤ· mAɹ ti·。ɔɴ kʰɤ· mAɹ iɛɹ ʂʅ· miŋ˦ pʰai˦，vɤɹ ʂʅɹ ti· tʂɤɴ kɤ· tɕiəuɴ ʂʅ· ɔɴ kʰɤ· mAɹ ti·，mei˦ iəuɹ fu˦ li· ɑŋ˦，feiɴ tɕinɴ。

多大的啊？

tuə˦ tAɴ tia·？

222 升的。

ɐrɴ paiɹ ɐrɴ ʂʅ˦ ɐrɴ ʂəŋ˥ ti·。

多长啊？

tuə˦ tʂʰɑŋ˦ a·？

就跟我们家那是一样的，就那么大。不小，200 多升的，你那是多升的啊？

tɕiəu˅ kən˥ vɤ˩˧ mən· tɕiᴀ˥ nᴀ˅ ʂʅ˅ i˧ iɑŋ˅ tia·, tɕiəu˅ nᴀ˅ mɤ· tᴀ˅。pu˅ ɕiɔ˩˧, ɐr˅ pai˩˧ tu ə˥ ʂəŋ˥ ti·, ni˩˧ nei˅ ʂʅ· tuə˧ ʂəŋ˥ tia·?

我不懂啊。

vɤ˩˧ pu˅ tuŋ˩˧ a·。

那顶上写着呢，它那有一块纸，那纸顶上写着呢，有小标签儿。

nᴀ˅ tiŋ˩˧ ʂɑŋ· ɕiɛ˩˧ tʂɤ· nɤ·, tʰᴀ˥ nᴀ· iəu˩˧ i˧ kʰuai˅ tʂʅ˩˧, nᴀ˅ tʂʅ˩˧ tiŋ˩˧ ʂɑŋ· ɕiɛ˩˧ tʂɤ· nɤ·, iəu˩˧ ɕiɔ˩˧ piɔ˥ tɕʰiɐr˥。

是这儿吗？

ʂʅ˅ tʂɚ˅ mᴀ·?

对，底下，底下没有吗？

tui˅, ti˩˧ ɕiᴀ·, ti˩˧ ɕiᴀ·mei˅ iəu˩˧ mᴀ·?

哦，这顶上写着呢，是容积吗？

əu·, tʂɤ˅ tiŋ˩˧ ʂɑŋ· ɕiɛ˩˧ tʂɤ· nɤ·, ʂʅ˅ zuŋ˧ tɕi˥ mᴀ·?

容量，啊。

zuŋ˧ liɑŋ˅, a˥。

248。

ɐr˅ pai˩˧ sʅ˅ ʂʅ˧ pᴀ˥。

你这是 248 升的。

ni˩˧ tʂɤ˅ ʂʅ· ɐr˅ pai˩˧ sʅ˅ ʂʅ˧ pᴀ˥ ʂəŋ˥ ti·。

你那呢？

ni˩˧ ni· nɤ·?

我这是 222 的，222。

vɤ˩˧ tʂɤ˅ ʂʅ˅ ɐr˅ pai˩˧ ɐr˅ ʂʅ˧ ɐr˅ ʂəŋ˥ ti·, ɐr˅ pai˩˧ ɐr˅ ʂʅ˧ ɐr˅。

那没有我这大呢。

nᴀ˅ mei˅ iəu˩˧ vɤ˩˧ tʂɤ˅ tᴀ˅ ni·。

嗯，便宜，他说，你来完后我再问问，看能不能再少点儿。

ən˥, pʰian˧ i·, tʰᴀ˥ ʂuə˥, ni˩˧ lai˧ van˧ xəu· vɤ˩˧ tsai˅ vən˅ vən·, kʰan˅ nəŋ˧ pu· nəŋ˧ tsai˅ ʂɔ˩˧ tiɐr˩˧。

啊，我这是一千三的。

a·, vɤ˩˧ tʂɤ˅ ʂʅ˅ i˅ tɕʰian˥ san˥ ti·。

哦，差 20 升。

əu˅, tʂʰᴀ˅ ɐr˅ ʂʅ˧ ʂəŋ˥。

也不贵，还有没有再大点儿的啊。

iɛ˩˧ pu˧ kui˅, xai˅ iəu˩˧ mei˧ iəu˩˧ tsai˅ tᴀ˅ tiɐr˩˧ tia·?

有啊，那就太费电了。你那沉吗？你咋整回来的啊，我估计现在都是给送回来。

iəu˩˧ a·, nᴀ˅ tɕiəu˅ tʰai˅ fei˅ tian˅ lɤ·。ni˩˧ nei˅ tʂʰən˧ mᴀ·? ni˩˧ tsᴀ˩˧ tʂəŋ˩˧ xui˧ lai· tia·, vɤ˩˧ ku˥ tɕi· ɕian˅ tsai˅ təu˥ ʂʅ˅ kei˩˧ suŋ˅ xui· lai·。

买一个吧，放点儿苞米。

mai˩˧ i˦ kɤ· pᴀ·，faŋ˥˩ tian˩˧ pɔ˥ mi˩˧。

没到时候呢，大地苞米，他这都是早地苞米，贵，一块钱一个，不大点儿。

mei˦ tɔ˥˩ ʂʅ˦ xəu· nɤ·，tᴀ˥˩ ti˥˩ pɔ˥ mi˩˧，tʰᴀ˥ tʂɤ˥˩ təu˥ ʂʅ˥˩ tsɔ˩˧ ti˥˩ pɔ˥ mi˩˧，kui˥˩，i˦ kʰuai˥˩ tɕʰian˦ i˦ kɤ˥˩，pu˦ tᴀ˥˩ tiɐr˩˧。

八毛钱一个都不好卖，这大苞米。

pᴀ˥ mɔ˩˧ tɕʰian˦ i˦ kɤ· təu˥ pu˥˩ xɔ˩˧ mai˥˩，tʂɤ˥˩ tᴀ˥˩ pɔ˥ mi˩˧。

是啊？我一回我也没买，我那天买过一回两个的，完第二天又买两个的，小文搁家小文吃。

ʂʅ˥˩ a·？ vɤ˩˧ i˥˩ xui˦ vɤ˩˧ iɛ˩˧ mei˥˩ mai˩˧，vɤ˩˧ nᴀ˥˩ tʰian˥ mai˩˧ kuə· i˥˩ xui˦ liaŋ˩˧ kɤ· ti·，van˦ ti˥˩ ɐr˥˩ tʰian˥ iəu˥˩ mai˩˧ liaŋ˩˧ kɤ· ti·，ɕiɔ˩˧ vən˦ kɤ˩˧ tɕiᴀ˥ ɕiɔ˩˧ vən˦ tʂʰʅ˥。

你上点。

ni˩˧ ʂaŋ˥˩ tian˩˧。

不上，没人吃，他走了就我自个儿，人那爷俩都不吃，一回就崩一个崩两个那么崩。近抿点儿好啊。

pu˦ ʂaŋ˥˩，mei˦ ʐən˦ tʂʰʅ˥，tʰᴀ˥ tsəu˩˧ lɤ· tɕiəu˥˩ vɤ˩˧ tsʅ˥˩ kɚ˩˧，ʐən˦ nᴀ˥˩ iɛ˦ liᴀ˩˧ təu˥ pu˥˩ tʂʰʅ˥，i˥˩ xui˦ tɕiəu˥˩ pəŋ˥ i˦ kɤ· pəŋ˥ liaŋ˩˧ kɤ· nᴀ˥˩ mɤ· pəŋ˥，tɕin˥˩ min· tiɐr˩˧ xɔ˩˧ a·。

下雨呢吗？我这儿星了星了下雨呢。

ɕiᴀ˥˩ y˩˧ nia· mɤ·？ vɤ˩˧ tʂɚ˥˩ ɕiŋ˥ lɤ· ɕiŋ˥ lɤ· ɕiᴀ˥˩ y˩˧ nia·。

我这也是，园子出水了。

vɤ˩˧ tʂɚ˥˩ iɛ˩˧ ʂʅ˥˩，yan˦ tsɿ· tʂʰu˥ sui˩˧ lɤ·。

园子都出水了？

yan˦ tsɿ· təu˥ tʂʰu˥ sui˩˧ lɤ？

哎呀妈呀，下一宿。

ei˦ ia· mᴀ˥ ia·，ɕiᴀ˥˩ i˥˩ ɕiəu˩˧。

是啊？那我这儿没有，大葱都烂了，大葱这不刮风都倒了吗？今儿早我说我薅点儿大葱去，抓不上手儿来了。

ʂʅ˥ a˥？ nᴀ˥˩ vɤ˩˧ tʂɚ˥˩ mei˦ iəu·，tᴀ˥˩ tsʰuŋ˥ təu˥ lan˥˩ lɤ·，tᴀ˥˩ tsʰuŋ˥ tʂɤ˥˩ pu˥˩ kuᴀ˩˧ fəŋ˥ təu˥ tɔ˩˧ lɤ· mᴀ·？ tɕiɚr˥ tsɔ˩˧ vɤ˩˧ ʂuə˥ vɤ˩˧ xɔ˥ tiɐr˩˧ tᴀ˥˩ tsʰuŋ˥ tɕʰy·，tʂuᴀ˥ pu˦ ʂaŋ ·ʂəu˩˧ lai˦ lɤ·。

你再种点儿小葱，冬天时吃小葱。

ni˩˧ tsai˥˩ tʂuŋ˥˩ tiɐr˩˧ ɕiɔ˩˧ tsʰuŋ˥，tuŋ˥ tʰian˥ ʂʅ˦ tʂʰʅ˥ ɕiɔ˩˧ tsʰuŋ。

现在种还能再长大了吗？

ɕian˥˩ tsai˥˩ tʂuŋ˥˩ xai˦ nəŋ˦ tsai˥˩ tʂaŋ˩˧ tᴀ˥˩ lɤ·mᴀ·？

能。

nəŋ˦。

长不大，你那有棚子能长大，再待俩月上冻了，不行。来年得长骨朵啊，整早喽。

tʂɑŋ˨˩˦ pu· tA˥˩, ni˨˩˦ nei˥˩ iəu˨˩˦ pʰəŋ˧˥ tsɿ· nəŋ˧˥ tʂɑŋ˨˩˦ tA˥˩, tsai˥˩ tai˥ lia˨˩˦ yɛ˥˩ ʂɑŋ˥˩ tuŋ˥˩ lɤ·, pu˥˩ ɕiŋ˧˥。lai˧˥ nian˧˥ tei˨˩˦ tʂɑŋ˨˩˦ ku˥ tuə· a·, tʂəŋ˨˩˦ tsɔ˨˩˦ ləu·。

照样好吃。

tʂɔ˥˩ iɑŋ˥˩ xɔ˨˩˦ tʂʰʅ˥。

我留点儿白露葱儿，留疙儿地方，你那菠菜种没种啊，出没出啊，那玩意儿可慢了出的，我种完那又长那么大了，一拃了，哎呀，这回籽儿多，那老些啊，全都搁地趴着呢。

vɤ˨˩˦ liəu˧˥ tiɐr˨˩˦ pai˧˥ lu˥˩ tsʰuŋ˥, liəu˧˥ kar˥ ti˥˩ ʂɑŋ·, ni˨˩˦ nei˥˩ pɤ˥ tsʰai˥˩ tʂuŋ˥˩ mei˧˥ tʂuŋ˥˩ ŋA·, tʂʰu˧˥ mei˥˩ tʂʰu˧˥ a·, nA˥˩ van˧˥ iə˞· kʰɤ˨˩˦ man˥˩ lɤ· tʂʰu˧˥ ti·, vɤ˨˩˦ tʂuŋ˥˩ van˧˥ nA˥˩ iəu˥˩ tʂɑŋ˨˩˦ nA˥˩ mɤ· tA˥˩ lɤ·, i˥˩ tʂA˨˩˦ lɤ·, ai˥ ia·, tʂɤ˥˩ xui˧˥ tsə˞˨˩˦ tuə˥, nA˥˩ lɔ˨˩˦ ɕiɛ˥ a·, tɕʰyan˧˥ təu˥ kɤ˨˩˦ ti˥˩ pʰA˥ tʂɤ· nɤ·。

我种一半。

vɤ˨˩˦ tʂuŋ˥˩ i˧˥ pan˥˩。

种一半干哈啊？那老大叶子啊，那么大。冬天吃点儿菠菜汤多好。

tʂuŋ˥˩ i˧˥ pan˥˩ kan˥˩ xA˧˥ a·？nA˥˩ lɔ˨˩˦ tA˥˩ iɛ˥˩ tsɿ· a·, nA˥˩ mɤ· tA˥˩。tuŋ˥ tʰian˥ tʂʰʅ˥ tiɐr˨˩˦ pɤ˥ tsʰai˥˩ tʰɑŋ˥ tuə˥ xɔ˨˩˦。

你说咋，没有那个有菠菜味儿，就是好看，嫩钞，稀嫩儿稀嫩儿的。

ni˨˩˦ ʂuə˥ tsA˨˩˦, mei˥˩ iəu˨˩˦ nA˥˩ kɤ· iəu˨˩˦ pɤ˥ tsʰai˥˩ vər˥˩, tɕiəu˥˩ ʂʅ˥˩ xɔ˨˩˦ kʰan˥˩, lən˥˩ tʂʰɔ·, ɕi˥ lər˥˩ ɕi˥ lər˥˩ ti·。

睡一觉哇，还干活呢？老盯。

ʂui˥˩ i˧˥ tɕiɔ˥˩ va·, xai˧˥ kan˥˩ xuə˧˥ nɤ·？lɔ˨˩˦ tiŋ˥。

觉睡一觉，迷糊的。

tɕiɔ˥˩ ʂui˥˩ i˧˥ tɕiɔ˥˩, mi˧˥ xu˥ ti·。

后记

转眼间，四载博士生涯已接近尾声。这一刻，回首往昔，倍感其弥足珍贵。

四年前，我有幸成为卢小群教授的学生。忝列卢家弟子之中，在众多优秀同门的对比下，天资平庸、鄙陋无识的我相形见绌。但卢老师不但用爱心和包容将我收归门下，更是在学业上给了我莫大的鼓励，一些语重心长的话语至今仍记忆犹新。老师广博而精深的学术积淀、敏锐而精准的学术眼光、前瞻性的思想高度、严谨而求真的工作风格、进取而不畏艰苦的钻研精神，都深深地影响着我。这部作品，大到框架设计、结构布局，小到标点符号、文字措辞，都倾注着老师大量的心血：选题时老师的悉心指引、语料搜集时老师的不断敦促、文献分类时老师的精心教导、各稿修改时老师的耐心点拨……感激之情，绝非寥寥数语可表达。老师平时待人谦和、宽和、随和，在生活中也给了我们无微不至的关怀。她总是像对待自己孩子一样，为我们规划未来，眼光长远。我想，老师高洁的品质和师者风范都将一直感染着我，伴我前行。希望自己未来之路能走得扎实、踏实，不忘老师的谆谆教诲，也不负老师弟子的称号。愿恩师平安健康，生活幸福！

读博这几年，我深深感受到了民大汉语言文字学严谨求实的价值取向和学术传统，还有深厚的学术底蕴。对教授过我课程、为我答疑解惑的杨吉春老师、韩琳老师、翟燕老师，我要表达自己深深的敬意和谢意，老师们辛苦了！

感谢同窗好友陈长旭、孙宝新、李侠等给予的帮助和鼓励，也感谢同门师兄妹们的关心和爱护。

感谢父母、弟弟的理解支持和爱人的陪伴守护，你们是我坚实的依靠，更是我前进的动力，希望你们平安健康，快乐幸福！

杨怀文
于中央民族大学
2020年12月20日